市民力ライブラリー

励ます地方自治

依存・監視型の市民像を超えて

松下啓一●著

萌書房

〈市民力ライブラリー〉の刊行によせて

近年とみに、価値の流転が著しい。主権国家ですら、その存在意義が問われる時代にあって、政府と市民の関係も変容を免れない。豊かさの指標が、人の温かさや思いやりにまで広がってきたこととも関係するが、政府と市民の関係を二項対立的にとらえるだけでは、市民の豊かな暮しは創れない。対峙するだけでなく、ある時は協力、協調し、またある時は競争、競合するといった、重層的・複合的な関係性のなかでとらえていく必要があるだろう。これは市民にとって、自らの力が試されることでもある。こうした市民の力を発掘し、育むのが、〈市民力ライブラリー〉である。

市民力の同義語は、民主主義だと思う。私たちは、民主制社会に暮らしているが、アテネの昔から、この制度は扱いが難しい仕組みである。気を抜くとあっという間に崩壊し、人々を傷つけることになる。民主制が有効に機能するには、市民一人ひとりの自律性と、共同体の事柄を我がことのように思う貢献性が求められるが、民主主義のありようが問われている今日だからこそ、市民力を基軸に新しい社会を創っていこうではないか。
〈市民力ライブラリー〉と銘打ったのは、今後も継続するということである。市民にとって有用な知識や知恵を間断なく提供し続けたいと思う。それには、持続可能なシステムとたゆまぬ努力が必要になる。商業出版であることを意識し、その強みを活かしたと思う。〈市民力ライブラリー〉であるから、論者は研究者にかぎらない。さまざまな市民力の書き手が現れることも期待している。

二〇〇九年五月

松下 啓一

はじめに——なぜ励ます地方自治なのか

普通の市民にとっては、意外に思うことではあるが、地方自治の法や仕組みは、市民が行政や議会を疑い、監視するという思想でき上がっている。地方自治といえども国家権力の一部で、地方自治を司る役所も権力的な存在であると考えるからである。

たしかに、地方自治にもそうした一面があるのは事実であるが、それだけでは地方自治の実態を十分に捉えることはできない。何よりも地方自治は、もっと大らかで、前向きなものだからである。

人口減少・超高齢化時代に入り、これまでの私たちの暮らしを支えてきた社会の構造そのものが大きく変化してきた。同時に、私たちの生活を根本から脅かす大災害は、早晩、確実にやってくる。こうした厳しい時代にあって、私たちの暮らしを守り、豊かなものにしていくのが地方自治である。

豊かな暮らしを実現していくためには、市民が行政や議会・議員を監視するだけではなく、行政、議会・議員、市民のそれぞれが、その持てる力を存分に発揮できるように後押しする「励ます地方自治」に転換する必要があるというのが、本書の問題意識である。その転換は、多少の勇気と具体的な行動が必要になるが、その一歩を踏み出してみようというのが本書の提案でもある。

二〇一五年一〇月

松下 啓一

励ます地方自治——依存・監視型の市民像を超えて——*目次

*

励ます地方自治

――依存・監視型の市民像を超えて――

Ⅰ　監視の地方自治

1　監視の地方自治

(1) 監視の地方自治

地方自治制度は、行政や議会・議員を民主的に統制するという観点から組み立てられている。たとえば地方自治法第一条「目的」には、この法律は、地方自治の本旨に基づき、地方公共団体の区分や地方公共団体の組織・運営に関する事項の大綱を定め、あわせて国と地方公共団体との間の基本的関係を確立することによって、「地方公共団体における民主的にして能率的な行政の確保を図るとともに、地方公共団体の健全な発達を保障することを目的とする」と書かれている。

この目的を受けて、地方自治法では、行政や議会・議員に対する民主的統制に関する詳細な事項が定められている。その最たるものは、住民に関する規定で、五〇〇条近くに及ぶ地方自治法の規定のうち、住民が主語の規定はわずか六条しかなく、しかも、その大半が、住民による行政や議会・議員に対する監視・チェックの規定である。

具体的に見てみると、まず第一〇条では、住民が役務の提供を等しく受ける権利とともに負担を分任する義務が規定され、続いて、第一一条で選挙に参与する権利が規定されているが、第一二条では条例の制定・改廃の請求権、事務監査請求権、第一三条は議会の解散請求権、議員、長、副知事・副市町村長、選挙管理委員、監査委員等の解職請求権を規定している。さらに、第二四二条と第二四二条の二では、住民監査請求、住民訴訟が規定されている。

地方自治法では、住民は執行機関や議員を監視し、ときには裁判に訴える権利を持った者として位置づけられている。

(2) 住民自治は役所をコントロールすること

地方自治制度が住民による監視の仕組みであることは、住民自治の定義に端的に表れている。

憲法第九二条の「地方自治の本旨」は、住民自治と団体自治で構成されるが、このうち、「住民自治とは、地域の住民が地域的な行政需要を自己の意志に基づき自己の責任において充足することを指し、団体自治とは、国から独立した地域団体を設け、この団体が自己の事務を自己の機関によりその団体の責任において処理することをいう。これは、いずれも、地方的な事務に関する公的意思の形成のあり方に関するものであるが、前者は意思形成にかかる住民の政治的参加の要素に着目したものであり、後者は地域の団体の国家からの独立した意思形成の点に着眼したものである」（塩野宏『行政法Ⅲ・行政組織法〔第三版〕』有斐閣、二〇〇六年、一一八ページ）とされる。

つまり、地方行政を中央政府の干渉を排して、その地方政府を市民が民主的にコントロールすることが住民自治と考えられている。

(3) 監視の地方自治の諸制度

地方自治法以外でも、監視の地方自治の諸制度が用意されている。地方自治の関連法としては、地方自治の組織（地方公務員法など）、個別の行政部門（地方公営企業法など）、地方自治の作用（行政不服審査法など）等に関する法律があるが、いずれも行政を管理し、監視するための法律である。

たとえば情報公開制度であるが、この制度は伝統的な住民自治の概念に起源を有している。市政は、市民の信託を受けて行われるものであり、行政は信託者（主権者）である市民に対して、その活動について説明する責務（説明責任）を負っている。逆に言えば、市民は市政に関して知る権利を持っていて、それが情報公開請求権である。市民が行政をコントロールするための制度が情報公開制度である。

個人情報保護制度も、その規制の対象は行政で、個人情報の取り扱いについて必要なルールを定め、自己情報の閲覧、目的外利用の禁止、自己情報の訂正等の権利を保障することで、行政から市民のプライバシーを保護し、公正で信頼される市政を担保しようという制度である。

2 監視の地方自治——その理論的根拠

(1) 信託論

監視の地方自治を支える理論的根拠は、信託論である。信託論とは、市民が政府の創造主で、その持てる権利を国や自治体に信託しているという考え方である。ジェームズ一世やチャールズ一世の絶対主義国家・王権神授説に対抗して唱えられたジョン・ロックの社会契約論『統治二論』（ジョン・ロック著／加藤節訳『完訳統治二論』岩波書店）がモデルとなっている。ロックは、「人間は、生まれながらにして、他のどんな人間とも平等に、あるいは世界における数多くの人間と平等に、完全な自由への、また、自然法が定めるすべての権利と特権とを制約なしに享受することへの権原をもつ」（第二部第七章八七）と考える。

図Ⅰ-1　信託論

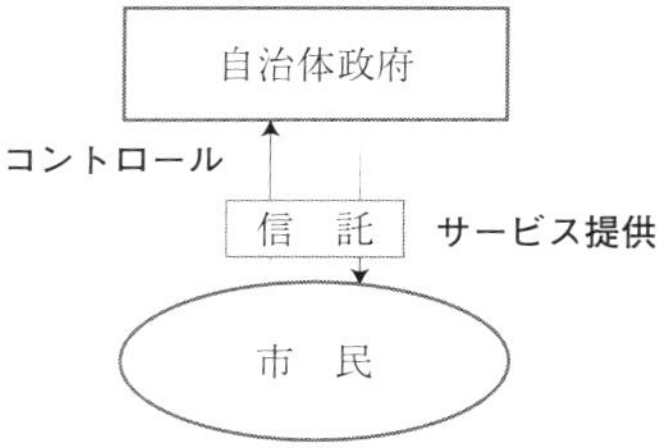

ロックの場合は、ホッブズとは違い、自然状態においても自然法が支配するゆえに、人々の固有権（生命、自由、財産）は、ある程度保全されるとするが、「その権利の享受はきわめて不確実であり、たえず他者による権利侵害にさらされている」（第二部第九章一二三）と考えている。

そこで、自らの生命、自由、財産を守るために、人々は政府（国家）を設立する。

「人々が、自分の自然の自由を放棄して、政治社会の拘束の下に身を置く唯一の方法は、他人と合意して、自分の固有権と、共同体に属さない人に対するより大きな保障とを安全に享受することを通じて互いに快適で安全で平和な生活を送るために、一つの共同体に加入し結合することに求められる」（第二部第八章九五）。「人が、政治的共同体へと結合し、自らを統治の下に置く大きな、そして主たる目的は、固有権の保全ということにある」（第二部第九章一二四）。としている。

ロックによると、「政治権力とは、だれもが自然状態でもっていた権力を社会の手に引き渡し、その社会のなかでは、社会が自らの上に設立した統治者に対して、社会の成員の善と固有権の保全とに用いられるようにという明示的あるいは黙示的な信託を付して引き渡したものに他ならない」（第二部第一五章一七一）ものであるから、「人民は、立法者が人々の固有権を侵害することによって信託に反する行動をとったときには、新たな立法部を設け、改めて自分たちの安全を図る権力をもつ」（第二部第一九章二二六）。これは有名な抵抗権である。

ちなみに、ロックは、人々が、各個人の同意によって一つの共同体をつくった場合、「その共同体へと結合した各個人がそうあるべきだからとして同意したことなのだから、各人は、その同意によって、多数派の拘束を受けなければならない」（第二部第八章九六）とも言っている。

このようにロックにおいては、政府（国家）設立の基本となるのは、人々の同意や信託である。ただ、市民は国に全部信託しているわけではなく、地方政府にも信託している。二重の信託論である。信託論に立てば、自治体は市民の政府であるという意味が明確になる。市民参加は、市民の政府を担保する基本的な制度ということになり、その権利性が明確になる。

この信託論の非歴史性・仮構性を批判することは容易であるが、信託論が主張する、人間は生まれながらにして平等の権利を持っていて、その権利を守る役割を信託されたのが政府という理念は魅力的である。

⑵行政活動の典型としての行政行為

税金の賦課徴収のような行政行為を自治体政府の典型的活動と考えて、そこから立論するのが監視の地方自治である。

行政行為とは、行政庁が法律に基づき、一方的に市民の法的地位を具体的に決定する（たとえば税金を払わせる）行為であるが、その行政行為の効力として、公定力、自力執行力、不可争力、不可変更力がある。

たとえば公定力とは、行政行為に瑕疵があっても、それが権限のある者（行政庁・裁判所）によって取り消されるまでは有効なものとして扱われる力である。具体的には、一〇万円の課税処分が誤りであっても、本人が裁判所に訴えて、行政行為を取り消さない限り一〇万円を払う義務を負うというものである。民事訴訟のように、裁判で争って決定するまで拒否・無視できるとすると、行政の本来の目的である公共の福祉や秩序維持ができず、結局、国民全体にとっても不利益になることから、行政には、この公定力が認められる。

また、自力執行力は、行政行為によって命ぜられた義務を相手方が履行しない場合に、行政庁が自力で、つまり裁判所の判決を得ることなく、その義務の内容を実現できる効力である。民事ならば、権利者は義務者を相手取って、その義務の履行を求める民事訴訟を起こし、裁判所の判決を得て、執行官に強制執行を依頼して内容の実現を図ることになるが、このやり方では公務遂行の支障があり、市民生活の安定を阻害することになるからである。

地方自治体は、こうした強い権力を持っており、その濫用から市民の権利を守るのが監視の地方自治である。

3　監視の地方自治――その積極的意義

(1) 市民の政府

信託論によれば、政府というのは市民からの信託によって成り立っており、市民は政府の創造主である。信託論に立てば、政府は市民の政府であるという意味が明確になる。たしかに、自治体政府も権力的な存在であるという一面はその通りで、監視の地方自治は、自治体を市民の政府とし、市民の意思に従って、自治体が行動することを求めるとともに、自治体の専横から市民の権利・自由を守るという積極的意義を持っている(二重の信託論は、国を侵害者とし、その専横から地方を守るという意義も含まれている）。監視の地方自治の積極的意義については、励ます地方自治の立場においても否定するものではない。

⑵参加の意義の明確化

参加は、監視の地方自治を行うための基本的な権利である。国民によって信託された国民国家を自分たちの政府にするために、国民の参加権が保障される。地方自治についても、国家の理論を地方に当てはめて、参加は、自治体政府を市民のものとするための基本的権利ということになる。

ちなみに一九九〇年代以降、参加に加えて参画という言葉が使われるようになった。一般に参加は、行政の決定に市民が加わっていくなかで、形式的に加わるのが参加で、それに対して、最初の計画・企画の段階から実質的に加わるのが参画とされる。ただ、参加・参画とも、政府を市民のものにするための権利である点では違いがない。

これに対して、協働は参加（参画）とは生まれも育ちも違う。地方自治の諸課題は、地域住民の協力や主体的取組なしには解決できないが、協働とは、公共は自治体政府だけが担っているのではなく、市民（地域団体、ＮＰＯ、企業も含む）も担っているという新しい概念である。人口減少、少子高齢化のなかにあって、税収はますます減っていくが、政府だけが公共を担っていては、ジリ貧になるばかりである。市民も公共の担い手としてきちんと位置づけて、大いに力を発してもらうというのが協働論である。

4　監視の地方自治の限界——監視だけで幸せになれるのか

(1) 市政の重要課題から考える

地方自治では、国家間での争いや高踏的理念は当面の課題ではない。どこの自治体でも市政の最重要事項は、外国との領土紛争ではなく、防災、防犯、子どもの安全、高齢者福祉である。近年、特に市民的関心が高いのが防災である。早晩やってくる大震災に対して、できる限りの準備を行い、被害をどうすれば最小限に防ぐことができるのか、そのための力を出し合うのが地方自治の役割である。

言うまでもなく防災は、市民による役所の監視だけでは行うことができない。市民自身のほか、地域団体やＮＰＯが当事者としてかかわり、相互に協力し、助け合う必要がある。自治体政府は、こうした活動を応援し、協力することが主たる役割となる。

図Ⅰ-2　市政への要望［全体］（複数回答）

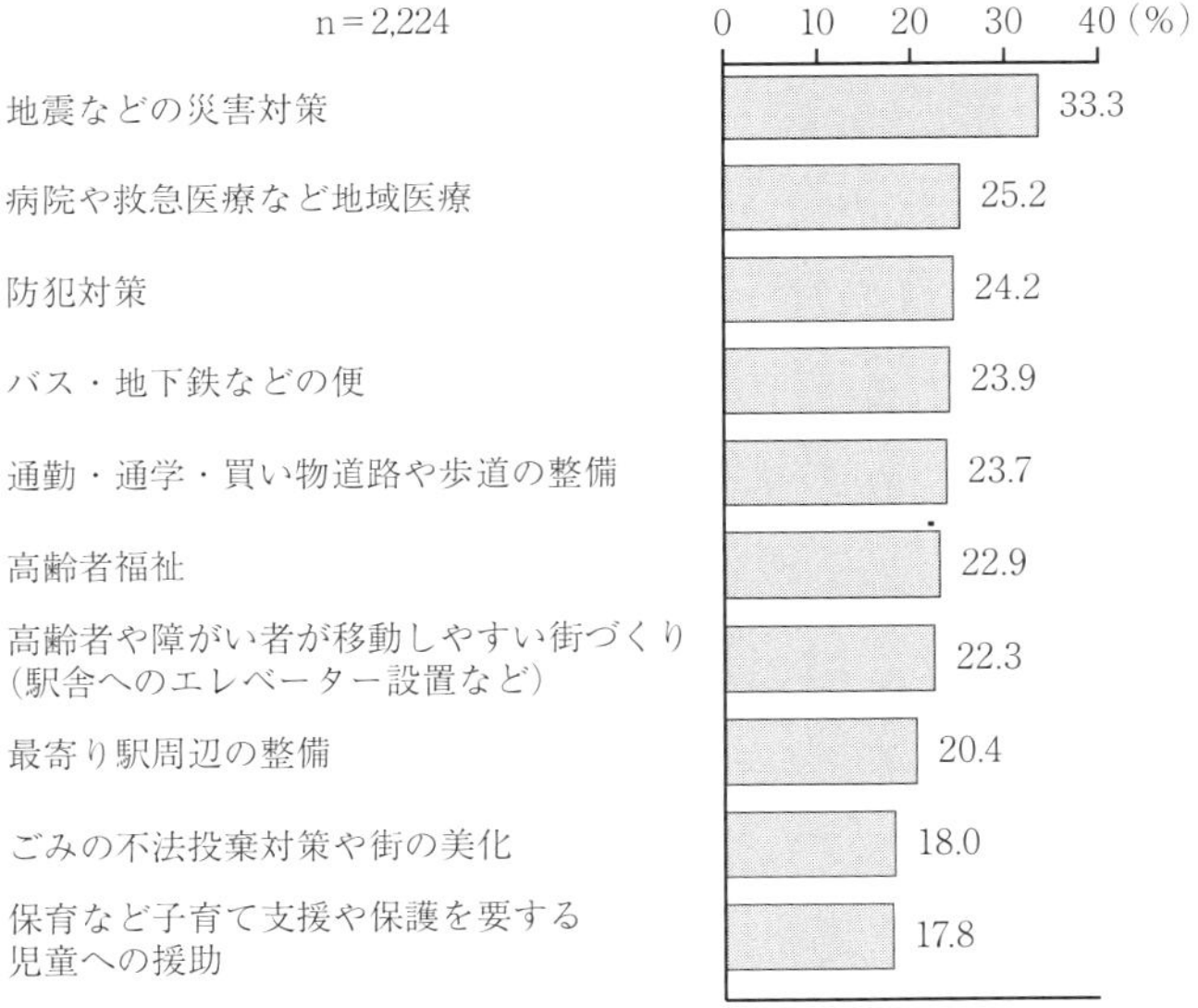

（出所）平成26年度横浜市民意識調査「市政への要望　今後充実すべき公共サービス」。

防災以外の市政の重要課題である防犯、子どもの安全、高齢者福祉についても、事情は同様で、自治体政府に対する監視だけでは、自治の目的である住民の幸せを実現することはできない。一人ひとりの市民、地域団体、ＮＰＯ等が、当事者として相互に協力、連携することが必要で、自治体政府の役割は、こうした活動を後押しすることが重要になる。

(2) 守りの行政

監視の地方自治は、政府をチェックし、規律するシステムであるが、国と地方の違いを吟味することなく、国に対する考え方を地方に言わば機械的に持ち込むことによって、今日では、弊害が目立つようになった。

その最悪な例の一つが、守りに徹した行政である。市民からの監視、それがエスカレートした非難や攻撃とも言えるケースが散見されるが、行政はそれら非難等に耐えられるように、防衛線をぐっと下げて行動している。鉄壁の安全ラインであるが、その結果、行政の保護の行き渡らない広大な領域が目の前に残ってしまうことになるが、行政はそこから前に出ることをしないという現実が起こっている。

行政たるもの、積極的に現場に出ていくべきだという意見は正論であるが、このような主張は、政策現場では残念ながら説得力を持たない。出て行って失敗すると手のひらを返したように個人の責任を問われてしまうからである。意を決し打って出ると、今度は、その法的根拠を問われ、立ちすくむことになるからである。

行政を監視するという視点はむろん重要であるが、それだけでは今日の自治はつくれない。現実に起ころうとしている課題に対して、行政を前に押し出す、励ましの地方自治が必要になっている。

(3)依存の自治を生む

自治体政府に対する監視は、本来、政府を市民のものとするためのものであるが、現実には、それが反転して、行政への要求や依存に変化してしまっている。住民自治の仕組みが、その通りに機能せずに、お役所依存主義、お任せ民主主義が蔓延するようになった。

つまり、「市民は主権者である。だから、役所は市民の言う通りにしろ」という関係が、結果的には単なる要求だけにとどまる要求型市民を産み、さらには役所に任せておけばいい、役所が何とかしてくれるというお任せ民主主義を産んでいる。現実には、要求・依存関係がさらに転じて、行政が雇い主であるはずの市民を統治するという逆転関係になってしまっている。

(4)励ます自治の展開へ

これまでの政府と市民の仕組みは、政府を縛り、監視するという関係でつくられてきた。しかし、これは一八世紀の事情に対応した国と国民との間のシステムである。一七八九年のフランス革命で、国王の国を打倒して自分たちの国をつくった市民たちは、自分たちの政府をつくるが、その政府を市民の政府にするために政府を縛り、監視するという仕組みが行われてきた。それを地方自治に当てはめたものである。

しかし、国ができるはるか以前から、私たちは地域の問題を自分たちで考え、協力しながら解決するという、自治の長い歴史を持っている。政府に対する監視が、本来の趣旨を見失い、政府への要求、依存に転じ、さらには、私たちは、本来持っていた自治の力を失わせてしまっているなかで、今、必要なのは、「みんなが、持っている力を出さないでどうする」という励ます自治への展開である。欠点をあげつらい、許容性・寛容性を失った社会は、ひどく寂しく、みじめな姿をしていると思う。

Ⅱ　励ます地方自治の意義

1　励ます地方自治の意義

(1)励ます地方自治とは

地方自治とは何かを端的に示すのが「地方自治の本旨」（憲法第九二条）の意義である。地方自治の本旨は、通常、団体自治、住民自治であると説明される。たしかに住民自治・団体自治は重要であるが、これらはいずれも何かを実現するための手段にすぎない。団体自治、住民自治の先にある何か、つまり自治の目的こそが重要で、その目標を確実に実現していくのが地方自治の本旨であろう。

その自治の目標（目的）であるが、それは、市民一人ひとりが個人として尊重される社会の実現である（憲法第一三条）。

むろん自治体政府といえども、権力性を持つという観点は忘れてはならず、自治体政府の専横から住民の権利、自由を守ることは重要であるが、それだけでは、市民一人ひとりが尊重される社会は実現しない。自治体政府の担い手である行政や議会が、その使命を存分に果たすとともに、市民、コミュニティ、企業等も、公共の担い手として、その力を存分に発揮してこそ、市民一人ひとりが幸せに暮らせる社会は実現する。自治体政府は、市民が存分に力を発揮できるように励ますと同時に、市民も行政や議会が、その使命を存分に発揮するように励ますのが、今後の地方自治のもう一つの姿ではないか。これが励ます地方自治である。

(2) 映画『サマーウォーズ』から

映画『サマーウォーズ』をご覧になっただろうか。これは二〇〇九年に公開されたアニメ映画である（二〇〇九年八月一日公開、監督・細田守）。舞台は信州上田である。映画では、真田氏の城下町である上田の町並みや田園風景を走る上田電鉄が印象的に描かれている。

この映画は、地球を支配しようとするコンピュータに、上田の大家族の人たちが、立ち向かう話である。暴走した人工知能を止めるために、主人公の祖母であるおばあちゃんが、消防士や救急隊員、警視総監など、あらゆる知り合いに、黒電話で働きかける。「あんたが、頑張らないでどうする」、「今、頑張るときではないか」。励ますのである。目を三角に吊り上げて相手を非難するのではなく、一人ひとりに諄々《じゅんじゅん》と思いを込めて説くのである。このおばあちゃんに励まされて、それぞれの人が、それぞれの立場で、力を尽くすことになる。映画の世界であるが、ここには励ます地方自治の要素がすべて盛り込まれている。

(3) 住民自治の再構築

地方自治のキーワードである住民自治も、励ます地方自治の立場からは、概念が大きく変わってくる。

これまでは、市民と自治体政府との関係を対立的にのみ捉えてきたので、市民が自治体政府をコントロールすることが住民自治とされてきた。しかし、本来、住民による自治とは、地域の事柄は、地域の住民が自己の意思・責任に基づいて行うという原則である。古代アテネでは、抽選によって選ばれた市民自らが民会で政策決定を行い、住民の自治にふさわしい直接民主主義が行われていた。その後、国家機能が拡大するなかで、住民が選出した議会の活動を通じて民意を実現するようになったが、自治の基本は、まず住民が自己の意思・責任に基づいて、考え、行動することである。

とりわけ地方主権時代の今日では、市民自身の自律性や貢献性が問われている。市民が、自治体政府をコントロールするだけではなく、市民一人ひとりが、その持てる力をまちのための発揮することと、同時に行政や議会・議員も、市民一人ひとりが存分に力を発揮できるように、その仕事ぶりを変えていくことも住民自治の重要な要素となってくる。

つまり、役所や議員をチェックするのも大事であるが、もっと大事なのは、その力を存分に発揮できるように励ますことである。誰だって、「ありがとう」と後を押されれば元気が出る。力を削ぐのではなく、持っている力を一二〇％出してもらったほうが、ずっといい。これが住民自治の基本だと思う。

(4)信頼の地方自治

励ます地方自治は、信頼の地方自治でもある。信頼があれば、約束を守ってくれるどうか（期限に間に合うか、品質は大丈夫か）を心配する必要もなく、無駄な保険をかける必要もない。信頼は社会全体を効率的にする。

この信頼を単なる政策の外部条件として扱うのではなく、社会資本と考えるのが、ソーシャル・キャピタルの考え方である。ロバート・パットナムは、ソーシャル・キャピタルを「人々の協調行動を活発にすることによって社会の効率性を高めることのできる、信頼、規範、ネットワークといった社会組織の特徴」(『哲学する民主主義』NTT出版)と定義している。

信頼の地方自治を実現するには、行政側の姿勢と行動も重要である。役所は公正で、不平等な取り扱いはしない、役所はルールに則って、きちんと市民を守ってくれるといった信頼が広く行き渡っていれば、市民は安心して活動できる。行政は逃げずに「一緒にやってくれる」という強い信頼があれば、市民も安心して力を発揮する。役所側の断固たる決意、逃げない姿勢も重要である。

信頼をつくるには、市民自身の行動も重要である。一人ひとりが、自ら考え、まちのことを考えて行動することで、市民間や行政との信頼、相互の連帯が生まれてくる。

グローバル化が進めば進むほど、身近で顔が見える関係にあり、信頼という価値観で結びついた地方自治が魅力的で、価値があるものになっていくだろう。

(5)励ましの自治経営

励ます地方自治は、これからの自治経営の基本理念でもある。

最低保障が十分でない時代にあっては、要求型・対立型の行動形式は、豊かな社会を実現するにあたっての有効な方法であった。実際、右肩上がりの時代においては、そうした要求も受け入れることができた。ところが、成熟時代になると、こうした対立・要求は、成長のバネにはならず、むしろ社会全体にとって大きなロスになる。結果的に依存型自治となって、市民が本来持っていた力を存分に活かすことができなくなるからである。

これに対して励ます地方自治は、これまで政府任せであった市民（地域団体や企業等も含む）が、公共的なことにかかわり、パワーを発揮するというものである。そのパワーを束ねて、大きなエネルギーにして、次世代に続く持続可能な新たな社会をつくっていこうというものである。

こうした新しい社会づくりは、一定の豊かさを実現し、市民力が豊かな日本でなければできないことである。それを地域からやっていこうというのが、励ます地方自治である。

2　なぜ励ます地方自治なのか

(1)国と地方自治の違い

監視の地方自治は、国に対するシステムを地方に持ち込んだものである（二重の信託論）。地方も、国と同じように、権力的な存在と考えるところから出発する。では国と地方は同じなのか。

●想像の共同体vs現実の共同体

国家は想像の共同体であるのに対して、自治体は現実の共同体である。

国民国家の起源は、一七八九年のフランス革命にさかのぼる。フランスでは、国王を倒すために集まった見知らぬ人々は、お互いに連帯して戦った。その後、新しくつくられたフランスを潰そうと周辺列国は軍隊を送り込んでくるが、ここでも、この見知らぬ人たちは、自分たちがつくった国を守るために連帯して戦った。国民国家の誕生であるが、国民国家は、一七八九年のフランス革命から考えても、たかだか二〇〇年強の歴史しかない。

同じ国家に所属している人々のことをネーション（nation）と呼ぶが、アメリカの政治学者ベネディクト・アンダーソンは、このネーションのことを「想像の共同体（imagined community）」と呼んだ。つまり、ネーションはどこかに実在するものではなく、人々の頭の中に形成される想像の産物というのである。

これに対して、国家ができるずっと前から地方自治はあった。人が集まって一緒になって暮らすようになると、さまざまな問題が起こるが、これら諸問題に対して、みんなで連携、協力して、解決に努めるのが地方自治である。私たちは、こうした営みを国ができるはるか以前からやってきた。国が想像の共同体ならば、自治体は現実の共同体と言える。

●励ます地方自治のＤＮＡ――アジアモンスーン地域に暮らして

アジアモンスーン地域のはずれに位置する日本では、降る雨を活かして稲作で暮らしてきた。雨はときどき降るが、急峻な地形のため、降ればあっと言う間に海に流れてしまう。私たちは、この雨を有効に利用するため、土木工事技術を発達させ、水路などの施設を整備してきた。技術と同時に、限られた水を村人同士で分かち合うためのルールや共同管理機能も発達させる。一人だけが水の利用権を独占したら、村全体の稲作が成り立たないからである。それでも、水をめぐっては、隣村や村内のトラブルが起こるが、その調整機能も発達する。これが地方自治の施設管理機能、課題解決機能のルーツである。ただ、管理や調整だけでは息が詰まるので、親睦機能も充実する。むら祭りである。

このようにむらの機能を維持・運営するため、村役場などの機関がつくられるが、この機関は、もともとは村民を管理するためでなく、むらびとを守るために存在する。もともとは自治とは、そういうものである。

地方自治は、国民国家のように、人々の頭の中に形成される想像の産物ではなく、生活風景のようなものである。地方自治は、つくられたものではなく、体に染み込んだものである。地方自治の基盤となるのは、生活風景のように体に染み込んだ協調性と相互連携である。この市民性を基盤に、新しい自治を構築するのが、励ます地方自治である。

●統治（監視）vs 自助（励まし）

国と地方の最大の違いは、国には主権があるが地方には主権がないということである。地方主権と言うが、これは言葉のあやにすぎない。

国家の要件は、領土、国民、主権であるとされている。このうち主権概念は、絶対君主が地方に群雄割拠する封建領主やローマ法王の干渉を排除して、権力の一元化を図ってきたという歴史的経緯から分かるように、絶対性を基本とする。具体的には対外主権（最高独立性）、対内主権（統治権）、最高決定権（最終決定力）が主権の内容に含まれる。このうち対内主権とは、国家は、自国内において、すべての人と物を排他的に支配して、自己の意思を貫徹することができるとするものである。日本国には主権があるゆえ、領海へ外国船が侵入したらこれを強制的に排除できるのである。

これに対して、地方には主権がない。もし、主権があれば、神奈川県は他県の人たちが許可なく神奈川県に入ることを拒否することができることになる。もし地方に主権があれば、神奈川県では同性婚を許すが、隣の東京都では認めないという違いが許容される。多くの人は、そんな地方主権を望んでおらず、地方主権と言っても、「地方の主導権」くらいの意味で、地方の自立

（自律）を言っているにすぎないだろう。

主権論から考えれば、国の行動原理は統治になるが、これに対して、主権がない地方の行動原理は、自立と助け合いである。

●地方政府論の限界

地方政府という言葉が、広く使われるようになった。地方分権改革推進委員会第一次勧告案でも、「生活者の視点に立つ「地方政府」の確立」という副題をつけて、地方自治体を地方政府として位置づけている。たしかに地方自治体も、自治立法権と自治行政権を持ち、不十分ながらも行政不服審査手続き等の準司法機能を持っていることから、地方政府と言えないこともないだろう。

自治体を政府と位置づける地方政府論は、自治体に自立性（自律性）を迫るもので、国との関係で、地方を単なる国の下請けではないとした点は優れている。反面、同じ政府だから、その制度設計にあたっては、国の考え方や仕組みを持って来ればよいという単純な議論になりがちである。実際、そこで思考停止して、国のシステムを安易に地方に導入してしまった点が地方政府論の弱点だと思う。その結果、ミニ国家ができ上がってしまう。これは論者たちに地方で行動するという原体験が不足していたためというのは言いすぎだろうか。

繰り返しになるが、国と地方では、何よりも対峙すべき相手が違う。国の場合は、主権国家を前提とする限り、対峙する相手方は他の国である。主権を守るために、交戦権があるという議論になる。ちなみに、これでは戦争を誘発するばかりだから、いっそ、一つの国にして、戦争を止めようという試みがEUである。何度も手ひどい戦争をやって、本当に懲りているからだろう。

これに対して、地方自治で対峙すべき相手は、災害や犯罪、環境の悪化、老いや病気などである。ここでは侵略する外国も、懸案の領土問題も出てこない。

対峙すべき相手が違うということは、守る方法が違ってくるということである。国家間の争いでは、トラブルを律する警察も裁判所もないことから、最終的には力の争いになり、それゆえ、より有効な暴力装置（軍隊）を持とうということになってくる。その暴力が国民に向かうのを防ぐために憲法がつくられ、法律で縛りをかける。立憲主義である。

他方、地方の場合は、警察等の強制力もある程度は必要であるが、それだけでは、老いや病気、環境の悪化等といった地域の課題から、市民の暮らしを守ることができない。市民の自覚や自主努力、市民間での相互協力や連携が、これら課題から市民を守る有効な手段である。政策も、規制力だけではだめで、協働的な要素が重要になる。

私たちの強みは、弥生時代時代から続く、長い日本的自治のなかで獲得してきた自立性と協調・連帯性である。この自立性や協調・連携性は、他の国ではまねができないことである。この強みを大いに活かそうというのが励ます地方自治である。

(2)自治を取り巻く環境――チェックだけでは乗り切れない

●人口減少・少子高齢化の影響

日本は、すでに人口減少の局面に入ってきた。二〇一〇年に一億二八〇六万人であった人口は、二〇六〇年には八六〇〇万人に減少してしまう。人口減少はさまざまな影響を与えるが、まちづくりで言えば、税収の大幅減少が最も大きなインパクトである。生産年齢層の減少にとどまらず、雇用者のうち非正規雇用労働者は、数、割合とも毎年増加している。非正規雇用のうちでも、不本意な非正規雇用は一九・二％(二〇一三年)を占め、年代別では若年者の比率が多い。非正規雇用では賃金が正規雇用よりも低いことから、将来的には、税収はますます厳しさを増してくることになる。

収入の減少に対しては、支出を極力減らす努力も必要であるが、高齢化率が四割近くになるなかで、高齢者の医療費や年金などの社会保障費は、ますます増えていかざるをえない。同時に、高度成長のころに造った道路、公園等の社会資本の修繕・建て直しも必要になる。これが私たち

図Ⅱ-1　日本の人口推移

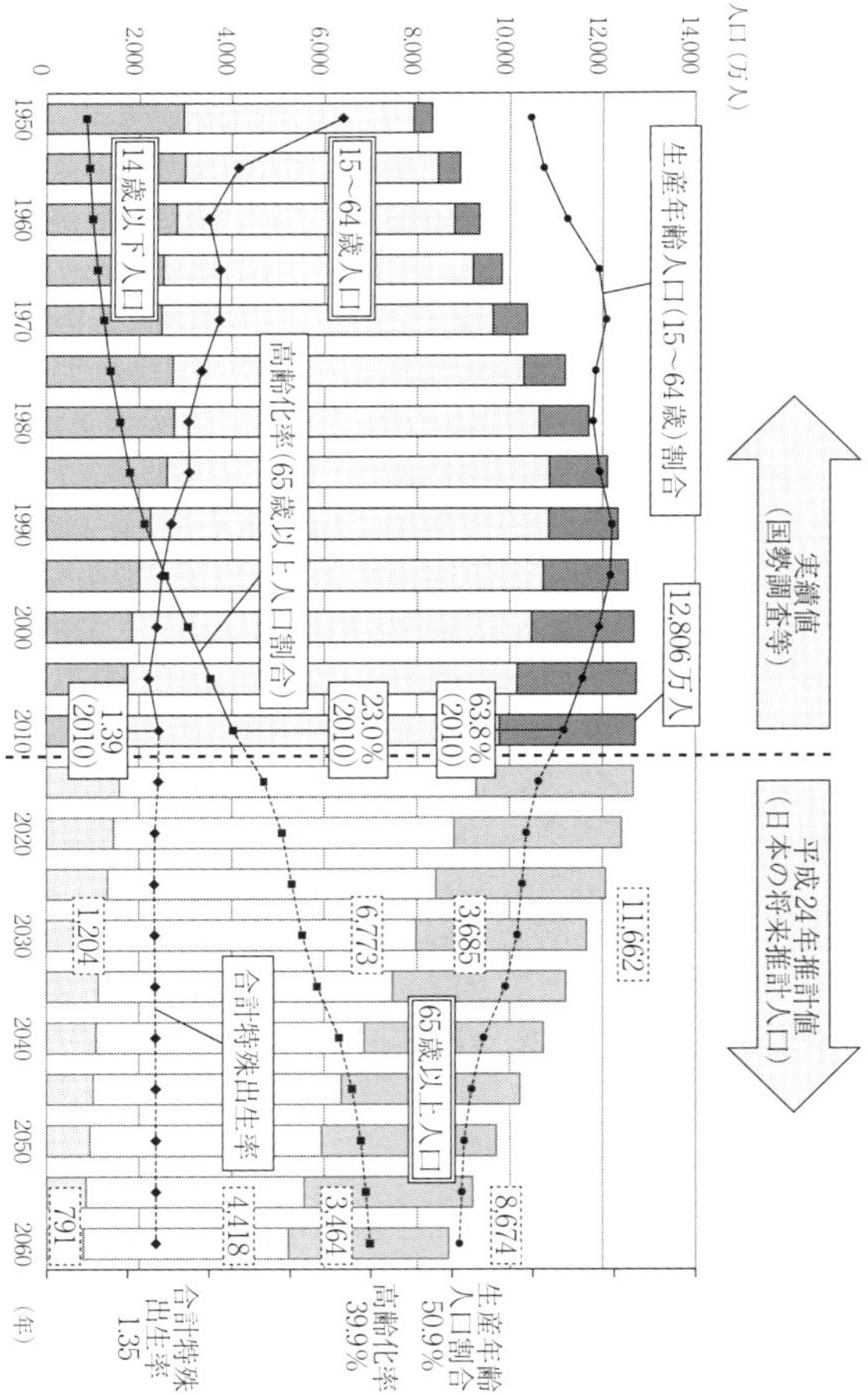

（出所）　総務省「平成24年版　情報通信白書」。

の自治の未来である。

税収が右肩上がりの時代ならば、政府のチェックだけで自治が成り立っていたが、税収大幅減の時代にあっては、これまでのやり方では、自治は持続できない。その解答を模索しなければいけないが、その解答の一つが、政府の役割は政府でなければできないところにとどめ、市民が自分たちでできることは自分たちで行うという住民自治への転換である。税金による公共サービスの提供だけでなく、市民の知識や経験、行動力による公共サービスの両輪を回しながら、自治(まち)をつくっていくものである。市民が持っている知識や経験、行動力を励まし、その力を存分に発揮していく励ます地方自治への転換が急務である。

●地方分権の意味

地方分権は、地方に権限が来るといった単純なことではない。地方分権とは、これまで明治維新以来、約一四〇年間続いてきた日本の社会システムを根本からくつがえす構造転換である。

地方分権以前は、機関委任事務制度があり、都道府県では七～八割、市町村では三～四割が機関委任事務であった。つまり、自治体で行っていた仕事の多くが、国の下部機関としての活動だったことになる。それを改め、国は国際問題や全国的な規模の活動、県は広域的な活動、そして市町村は地域のことを行うという役割分担に変えたのが地方分権である。

地方分権では、自治の担い手の役割が大きく変わる。

地方分権以前は、情報や金や政策は、国や県から来るので、その方向を向いているのが正しい公務員像であったが、地方分権になると、地域を基盤に、市民と一緒に議論し、市民の力を引き出していく公務員が求められる。

自治体職員も変わるが、実は、一番変わらなければいけないのは市民である。要求だけの市民では、地域課題を解決できないからである。地域のために積極的に活動している市民をきちんと認知し、さらに頑張ってもらうとともに、また、そうした市民を増やしていく必要がある。地方自治は、地方分権によって励ます地方自治への転換が求められる。

●東日本大震災の体験から

二〇一一年三月一一日に発生した東日本大震災は、死者一万五八九三人、行方不明者二五六七人にもなる未曾有の大災害となった（数字は二〇一五年一一月一〇日現在、警察庁）。

この東日本大震災では、地方自治が監視だけで成り立っている訳ではないことが、あらためて明らかになった。

未だに被害の全容が分からず、行政からの救援も届かないなか、被災した住民同士で住まいを提供し合い、それぞれが持つ食料を分け合ったという事例がいくつも報告されている。こうした住民間の助け合い、連携・協力が、あちこちで行われた。

ボランティアの広がりも目を見張るものがあった。被災者のニーズは、災害発生直後、生活支援期、再建・復興期と刻々と変わっていくが、全国から多くの市民が被災地に駆けつけ、自分ができる範囲で行動した。日本には、そのまちには住んではいないが、そのまちのために活動してくれる市民が数多く存在していることがよく分かった。

大震災において特筆すべきは、市町村職員の頑張りである。自らが被災者であるにもかかわらず、住民のために奮闘した事例が、数多く報告されている。自治体職員魂は健在である。

今回の大震災で分かったことは、私たちは、協力し、励まし合える国民であるということである。励ます地方自治は、私たちの持っている強みをさらに伸ばしていくことでもある。

(3)街からまちに——地方自治の目標から

自治体の活動目標は、住民が安心して快適に暮らせる社会の実現である。自治体は、住民が安心して快適に暮らせる社会の実現を妨げている環境・条件・課題を乗り越えて、「豊かな」社会を実現するために存在する。

豊かさには、経済的な豊かさと同時に、うるおい、やすらぎといった精神的な豊かさも含まれ、今日では、後者のほうがむしろ重要になっている。これを分かりやすく言えば、自治体の仕事が、街づくりからまちづくりに移ったということである。

今日では、街とまちの区別はよく知られるようになった。一般には、漢字の街はハードのまちである。ハードとは、道路、建物、公園である。それに対して、ひらがなのまちは、ハードに加えて、ソフトを含むまちを意味する。ソフトとは、歴史、文化、安全・安心、人と人とのふれあいなどである。

ポイントは、ひらがなのまちは、誰がどのようにつくるのかである。歴史、文化、安全・安心のいずれを取っても、役所だけでつくることはできない。上からの権力的な手法でつくることもできない。街とは違って、まちは地域に住んでいる市民の主体的な取り組みなしにはつくることはできないのである。この市民によるまちづくりを後押しするのが励ます地方自治である。

(4) 監視は高コスト・高リスク

●監視の地方自治のコストとリスク

監視の地方自治は高コスト・高リスクになる。権力的・規制的に自治を進めようとすると、膨大な管理コストがかかってしまう。無理に強制すると反発のリスクも生まれてくる。権力的・規制的な進め方は、地方自治ではコストパフォーマンスが悪い。

それは地方自治が上意下達ではなく、自立性と助け合いで運営されているからである。地方自治では北風政策ではなくて、太陽政策のほうがずっと効果的である。

たとえば全国で空き家問題が顕在化し、その対策として空き家条例が制定されている。その大要は、空き屋所有者等に対して助言、指導、勧告、命令を行い、それでも解決しない場合、行政代執行によって問題解決を図るというものである。たしかにスジが通っていて、強力である。

しかし、現実に使おうとすると、高コスト、高リスクである。

行政代執行では、行政が所有者に代わって強制的に空き家を処分し、それに要した費用は、所有者に請求することになるが、現実には、所有者の資力が乏しいために費用回収ができず、結果的に自治体が費用負担することになってしまう場合が多い。ちなみに、空き家適正管理条例に基づき、行政代執行によって空き家解体を実施した秋田県大仙市の事例では、解体撤去費用は一軒の撤去で一七八万五〇〇〇円がかかったとされている。

費用回収が容易ではないという課題を抱える行政代執行の適用に対しては、住民監査請求や住民訴訟が起こされる余地も十分にある。住民のための活動で、市長や職員に対して損害賠償が請求されるのである。

このように、強制的手段は高コスト、高リスクであるために、実際にはほとんど使えない仕組みになっている。空き家対策で真に有効なのは、管理不全の空き家をつくらない対策、空き家を所有者自らが自主的に撤去するように仕向ける対策である。

●罰則は高コスト・高リスク

高コスト・高リスク、低パフォーマンスの典型例は、罰則である。

地方自治法でも、自治体は、条例に「二年以下の懲役若しくは禁固、一〇〇万円以下の罰金、拘留、科料、没収の刑を設けることができる」（第一四条③）と規定されている。一見すると、懲役、罰金というペナルティは、有効性が高いように見えるが、実際には運用が難しく、本気で適用しようとすると高コスト・高リスクの手法である。

たとえばタバコのポイ捨てを防止するために、罰金を適用すれば、不心得者が減るが、実際は、ポイ捨て犯に罰金を適用するのは容易ではない。

まず、懲役や罰金は刑事罰であるので、刑法総則や刑事訴訟法の適用がある。つまりポイ捨て犯は、殺人犯や強盗犯と同じように、無罪が推定され、自白だけでは公判の維持が困難になる。そこで、客観的証拠を収集することが必要になるが、担当者は防犯カメラを調べ、目撃証言を探すなど、普段に倍する努力をしなければいけない。もし、判断を誤って、ポイ捨て犯人が真犯人でなかったら、人を冤罪に陥れたことになる。過失だったといえども、担当者は責任を取らざるをえないだろう。いずれにしても高コスト、高リスクである。自治体の現状から、果たしてこんな手間とリスクをかけることができるだろうか。また市民もそれを期待するであろうか。地域では、もっと重大な犯罪が起こっている。貴重な税金であるので、もっと別のことに使ってほしいというのが市民の感覚ではないか。

かような刑事罰による処置の厄介さを回避するために、最近では、地方自治法の過料で処理しようという考え方も出されている。過料は秩序罰であるから、刑法総則や刑事訴訟法の適用はなく、裁判所の判断を経ずに、自治体の長がその納付を命じることができるからである。東京都千代田区等では、ポイ捨てに過料を適用することで、ポイ捨てが激減したと報告されている。

ただ、ここでも注意すべきは、刑事罰を秩序罰に変えただけは効果がないということである。なぜならば、ポイ捨てをしても実際に捕まらなければ、多くの人が無視するからである。実際、東京都千代田区で、大きな効果が出ているが、これは年間一億円をかけて、ポイ捨て犯人を注意する体制をつくり、実際に街で注意を行っているからである。そこまでやれば効果が出るが、要するに、力で押さえつける方法は、結局、高コストとなる。

(5) 地方創生と励ます地方自治

地方においては、人口減少が進み、地域社会・地域経済の維持がますます困難になっている。他方、東京圏には過度に人口が集中して、長時間通勤や住宅価格の高さなどといった弊害も生じている。地方創生とは、「国民が安心して働き、希望通り結婚し子育てができ、将来に夢や希望を持つことができるような、魅力あふれる地方を創生する」ため、これら課題に正面から取り組むとともに、それぞれの地域ごとに地域の特性に応じたまちの実現を目指すものである。

地方自治そのものが危機を迎えるなか、国を挙げて地方創生に取り組もうとしている点は評価できるが、このままでは失敗してしまうだろう。地方創生が成功するには、地域の市民、企業、地域団体、NPOなど関係者一人ひとりが、よい地域にしたいとの気持ちを抱いて、自らの強みを活かした取り組みを継続的に展開することが必要であるが、それにもかかわらず、今回の地方創生は、相変わらず、国による上からの地域づくりになってしまっているからである。

たとえば、地方版総合戦略は、本来ならば、住民一人ひとりが、当事者となって、アイディアを出しながらつくるべきであるが、政府のスケジュールでは、一年でつくらないといけないため、結局、役所が机上でつくってしまうことになるだろう。これでは、せっかく生まれ始めた住民の内発的な動きをスポイルしてしまうことになる。

国の動きを追い風にしつつ、地方自治体では、地域の関係者の自主的、内発的な取り組みを情報支援、人的支援、財政支援等を切れ目なく展開することで、後押ししていくことが必要である。励ます地方自治を実践していかなければ、地方創生は成功しないだろう。

3　励ます地方自治の理論

(1) 励ます地方自治と憲法

●憲法の目標と励ます地方自治

憲法の目標は、個人の尊重＝市民一人ひとりが大事にされる社会の実現にある（憲法第一三条）。つまり、私たちの社会の設計思想は、市民一人ひとりに価値があり、この一人ひとりを尊重しながら、それぞれが持つ力を最大限に発揮し合うことで、幸せな社会をつくっていくというものである。地方自治は、そのための制度的保障で、地方自治の本旨の内容とされる住民自治も団体自治も、こうした社会を実現する手段の一つにすぎない。

では、どうすれば、個人が尊重される社会が実現するかであるが、これは国家からの自由だけでは実現しない。つまり、個人が尊重（大事に）されるためには、自治体政府が市民一人ひとりを尊重（大事に）するということであり、同時に、市民間でも、他者を尊重（大事に）し合うことが重要である。

よく誤解されるが、憲法の規定は私人間に適用されるかという論点があり、直接適用説は妥当でないとされるが、これは私人間のトラブルを憲法訴訟として訴えることはできないという意味にすぎず、憲法の理念を私人の間においても、浸透させ、実現することは、大いに行うべきことである。とりわけ、地方自治は、民主主義の学校であるから、こうした憲法理念を実現する場としては最もふさわしい。

●憲法秩序の再構築

励ます地方自治は、一八世紀から続いてきた憲法秩序を再構築する試みでもある。

歴史的には、憲法は、行政権の濫用から国民の権利・自由を守るために制定されてきた。国家からの自由を基本とする近代立憲主義のもとでは、国家は、私的自治の世界に介入せず、コミュニティに対しても消極的・謙抑的に対応することになる。

その典型例が憲法第八九条で、そこには「公金その他の公の財産は、……公の支配に属しない慈善、教育若しくは博愛の事業に対し、これを支出し、又はその利用に供してはならない」と規定されている。この文理から見ると、政府とは独立して、自由に活動するコミュニティに公金を支出すること（財産を貸したりすることも）は許されず、憲法違反ということになる。

むろん、これは実質的妥当性がないから、公の支配を無理に解釈して（学校教育法等の認可等の関与程度でも支配があるとする。緩和説）、公金の支出を適法化しているが、それがむしろ問題点を潜在化させ、複雑化させてしまうことになる。

考えてみれば、政府の支配があるから公金（税金）を出すという論理自体がおかしな話で、活動内容が公共性を持つから公金を支出するのである。したがって、公共を担うのが民間であっても、活動内容が公共性を持っていれば、支援していくべきだろう。

そこで、憲法第八九条の公の支配＝政府のコントロールという解釈を止揚し、公の支配＝公共ルールの遵守と置き換え、公金の使い方に関する公共ルール（無駄使いをしない、情報公開や説明責任を果たす等）を遵守していれば、コミュニティにも公金を支出することが可能になる道を探るべきだろう（逆に言えば、公共団体であっても、公共ルールを遵守しないところには、公金を支出しない）。

内容的には、至極、当然の話だと思う。

なお、励ます地方自治の考え方は近代立憲主義の本質を変質させるのではないか、という危惧も理解できるが、一八世紀の考え方にとどまっていては、個人が尊重される社会の実現は覚束ない。主権論がつきまとう国との関係では、憲法秩序の再構築は、たしかに「国のかたちだけではなく、新しい文明を構想するような遠大な試み」と言え、「その作業には、それにふさわしい思想的、学問的、政治的準備が必要」という議論もあるが、市民相互の助け合いが基本である地方自治では、国とは違う議論があってよいように思う。立憲主義と励ます地方自治のバランスの取り方は容易ではないが、試行錯誤も含めて、さまざまなトライアルがあってよいように思う。

(2) 励ます地方自治の理論——新しい公共論

励ます地方自治を支える理論が、新しい公共論である。

●旧い公共論・新しい公共論

監視の地方自治は、公共の担い手を政府と考える伝統的な公共論に立っている。政府と民間の役割を峻別する公私二分論の立場である。公私二分論では、

① 政府の目的は公共性の維持・実現にあり、これに対して、民間の目的は私的利益の追求にある。

② 公共領域は政府が担当する。政府のなかには中央政府(国)と地方政府(自治体)があるが、従来の公共政策は、もっぱら中央政府が担当してきた。

③ 公共政策の形成(政策決定、実施、評価)は、政府が行うから、政府の活動に注目していれ

ばよかった。したがって、政府の活動が、公平・公正かつ効率的に行われるための制度や仕組み（議会によるチェック、監査制度、行政手続法や情報公開法等）が用意され拡充されてきた。

④公共は政府が担うから、公共性の判断は、政府の判断が優先することになりがちである。その結果、公共の利益とは、事実上、政府の利益と見られる結果となった。

⑤政策の主体はあくまでも政府で、市民やコミュニティは政策の主体ではない。せいぜい政府の決定に参与する関係となる。市民やコミュニティの参加は、補助的で限定的なものとなりがちとなる。

これに対して、励ます地方自治は、新しい公共論に立っている。

経済社会が成熟し、価値観が多様化しているなかで、市民から信託された自治体（行政、議会）による一元的な決定では、市民ニーズを満たさなくなっている。そこで、自治体だけでなく、自治会・町内会、NPOなどの民間セクターを公共主体として位置づけ、多元的な公共主体による多様なサービス提供によって、豊かな社会を実現していこうというのが新しい公共論の考え方である。

要するに、市民や企業から集めた税金を自治体が一元的に管理し、それを配分するやり方だけでは市民の幸せを実現することができなくなったので、もう一つの方法、つまり自治会・町内会、

図Ⅱ-2　新しい公共論とその展開

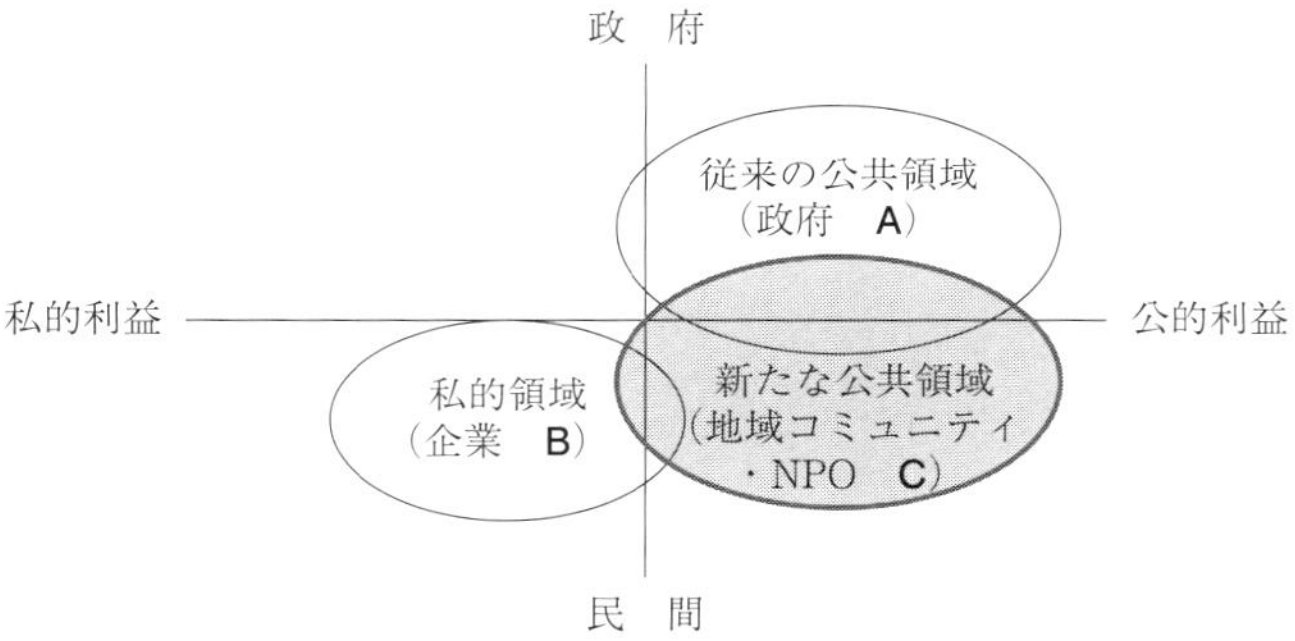

■新しい公共から見えるもの
①公共領域・担い手の広がり
- 自治体の領域の減少
- 公共領域の広がり

②公共セクター間関係
- 参画の領域の広がり
- さまざまな協働

③公共ルールの再構築
- 旧い公共の市民化
- 新しい公共の市民化

NPO等の民間セクターの知恵や経験といった資源を公共のために、大いに活用して、「豊かな」社会を実現していこうというのが新しい公共論である。

●新しい公共論で地方自治はどのように変わるのか

新しい公共論は、地方自治のあり方に大きな影響を与える。

①公共領域の広がり

その第一が、公共領域の広がりである。公共は、自治体だけではなく、自治会・町内会、NPO等の民間セクターも担うということであるから、公共領域は全体では広がっていく。

図Ⅱ－２で言えば、従来は、Ａの領域のみが公共領域であったが、Ｃも公共領域となってくる。自治体の役割は、自らが公共を行うだけでなく、Ｃの領域において、公共を担う民間の活動を後押しするという役割も明確になる。

②公共セクターとしての役割

新しい公共論のもとでは、公共セクターの役割の見直し、再構築も必要になる。

まず自治体などの公的セクターでは、これまでの行政システムや仕事の進め方が、市民のためという原則に合致しているかどうか、また議会や議員の活動が、市民のためという原則に沿って活動しているかが、あらためて問われることになる。これは旧い公共の市民化と言えるものであるが、市民のために働く行政や議会・議員への転換である。具体的には、首長や議員の役割や責任、職員の心構え、組織のあり方、政策決定過程の公開や参加等の見直し、再構築につながっていく。

同時に、自治会・町内会、ＮＰＯなどの民間セクターも、公共の担い手として活動するときは、一定の公共ルールが適用される。こちらは、新しい公共の公共化である。社会貢献性のほか、情報公開や説明責任が主な内容である。とりわけ補助金などの形で税金による支援を受けた場合は、行政と同様の情報公開や説明責任を果たすべきである。その責任の根拠は、公共主体としての社会的責任の一種と考えてよいだろう。

③公共セクター間関係

自治体などの公的セクターと自治会・町内会、NPOなどの民間セクターは、ともに公共領域で活動していることから、両者の間には、公共セクター間関係とも言うべきものが生まれてくる。

第一が、協力・協調する場合である。自治体政府と民間セクターは、相互に独立しているが、対等の立場で協力・協調していく場合である。狭義の協働が適用される場面である。

第二は、相互に無関係に活動する場合である。行政が立場上かかわりにくい課題（不法在留の外国人への救援活動）、社会的な合意ができていない課題（少数者の人権）、行政とは異なる立場の課題（原発問題）等である。テーマ型のコミュニティであるNPOが得意とする領域である。こうした民間セクターの活動を後押しするのが自治体の役割となる。

(3)励ます地方自治のパラダイム――協働

●協働とは何か

協働とは、自治体政府とともに市民（自治会・町内会、NPO等も含む）も、公共を担うという考え方である。しばしば協働という言葉から連想して、協力して働く、つまり一緒に汗を流すこと理解されるが、それは協働の本質ではない。そもそも協働で目指したのは、役所と市民が両輪となって、まちを豊かにしていくことである。ともに公共のために活動するから協働で、ときには一緒に汗をかくこともあるかもしれないが、それは手段の一つにすぎない。

こうした協働の意義は、参加との違いを考えると、よく理解できる。

参加は、国民国家ができて以来の概念である。一七八九年のフランス革命以降、自分たちの国をつくった市民は、政府を市民の政府にするための権利として、参加権が保障される。自治体政府も市民にとっては自分たちの政府であり、この政府を自分たちのものとするために参加権が保障される。

これに対して、協働は一九九〇代に入って生まれた概念である。複雑化・多様化した地方自治の諸課題は、自治体政府だけではとても解決できない。公共の担い手としての地域団体、ＮＰＯ、企業の役割が明確になってきた。こうした市民等を公共の担い手としてきちんと位置づけて、大いに力を発揮してもらおうというのが協働論である。行政は税金を使い、市民は知識・経験、行動力を使って、公共を担っていくのが協働である。この協働によって豊かな社会をつくっていくのが、励ます地方自治である。

●協働に対する批判

協働をめぐっては、厳しい批判がある。市民は政府の雇い主であり、つまり市民によって雇われている行政、議会・議員と彼らを雇っている市民が協働することは、ありえないというものである。たしかに従来の公私二分論では、そのようにも言えるだろう。

しかし、新しい公共論に立てば、自治体政府と同時に市民や自治会・町内会等の地域コミュニティ、NPO等のテーマコミュニティも公共主体である。同じ公共主体同士として、対等の関係で協力し、公共的課題の解決を図るという関係も出てくる。新しい公共論に立てば、協働は当然のこととなる。

●一緒にやらない協働

協働は、従来の公共主体である自治体政府と新しい公共主体である市民や自治会、町内会等の地域コミュニティ、NPO等が、言わば車の両輪のように、自治をつくっていくということである。

したがって、協働には、両者が時と場所を同じくする「一緒にやる協働」と、時と場所を同じくはしないが、それぞれが公共の担う活動をしている「一緒にやらない協働」がある。一般には、協働という言葉から一緒にやる協働をイメージするが、実際には、地域における活動では、一緒にやらない協働のほうが多い。

協働をこのように考えると、役所の仕事ぶりが大きく変わってくる。一緒に汗を流すだけでなく、公共を担うこれら市民を支援し、後押しすることも協働政策の内容になってくる。

●協働による自治経営

人口減少や少子高齢化が進むなかで、税金だけで行政サービスを賄うという方法は限界がある。協働による自治経営とは、限られた税金をこれまで以上に有効に使うとともに、民間の知識・経験、行動力といった市民パワーを社会的なエネルギーに変えて、公共サービスを実現していくことである。

そのためには、自治体政府の役割は大きく変わる。市民（地域団体、ＮＰＯも含む）が、その力を存分に発揮するための条件整備や活動支援が重要な役割となる。市民が存分に力を発揮できるものならば、温かなまなざしも協働である。協働をこのように考えると、自治体の全職場、全職員に協働はある。管理部局の総務課だって協働がある。こうした協働による自治経営については、別の本に詳しく書いたので、そちらを読んでほしい（『協働が変える役所の仕事・自治の未来』萌書房）。

(4) 励ます地方自治の基本ルール——自治基本条例

●自治基本条例とは何か——自治体の憲法?

自治基本条例は、「自治体の憲法」と言われることがある。たしかに、地方分権によって自治体の自立性が喧伝され、それゆえ自立した自治体が、憲法としての自治基本条例を持つべきであるという論理は魅力的である。国に対して、これまで下位・従属関係にあった自治体の自立性・対等性を後押しする意味から、自治基本条例が自治体の憲法であると強調することの実践的な意味も理解できないわけではない。

しかし、自治基本条例が自治体の憲法というキャッチフレーズは、やや大げさにすぎ、市民の期待を裏切ることになると思う。

その最大の理由は、すでに述べた国と地方の違いである。主権という絶対権を持つ国と自立と助け合いが基本である自治体とは、もともとの立ち位置や行動原理が違ってくる。国の場合は、絶対性を有する国家権力の専横から国民の権利を守る必要があり、そのために憲法が必要になるが(立憲主義)、自立と助け合いが基本の地方自治では、自治体政府は公権力としての一面を有するとともに、住民を支え、後押しする伴走者としての一面を持っている。地方自治の場合は、国と同一で論ずるべきではないからである。

また、仮に自治体にも憲法が必要だとしても、その内容は国と同じではなく、自治体ならではの「憲法」になっていくだろう。自治体の憲法としての自治基本条例は、政府の侵害から市民の権利を守るだけでなく、言わば公共を担う市民も、憲法秩序のなかに組み入れて、再構築していくことになる。

●自治基本条例――監視型と励まし型

全国で自治基本条例がすでに三〇〇近くの自治体でつくられているが、監視型自治基本条例と励まし型自治基本条例に大別することができる。

監視型の代表が、北海道ニセコ町まちづくり基本条例である。この条例は、公私二分論に立ち、自治体政府の民主的統制を主眼とする条例である。実際、この条例には、役所の仕事を民主的、市民的に進めるための細かなルールが書かれている。そして自治基本条例の大勢は、この監視型条例になっている（これを私はニセコの呪縛と言っている）。

ところが、最近では、励まし型の自治基本条例も制定されるようになった。新しい公共論の立場から、公共としての主体としての市民、自治会・町内会、ＮＰＯ等の自立性や社会性に力点を置いた条例である（小田原市や戸田市など）。

両者の違いは、自治のあるべき姿やその理想を実現するための課題はどこにあるのかについて

図Ⅱ-3　自治基本条例（2つのパターン）

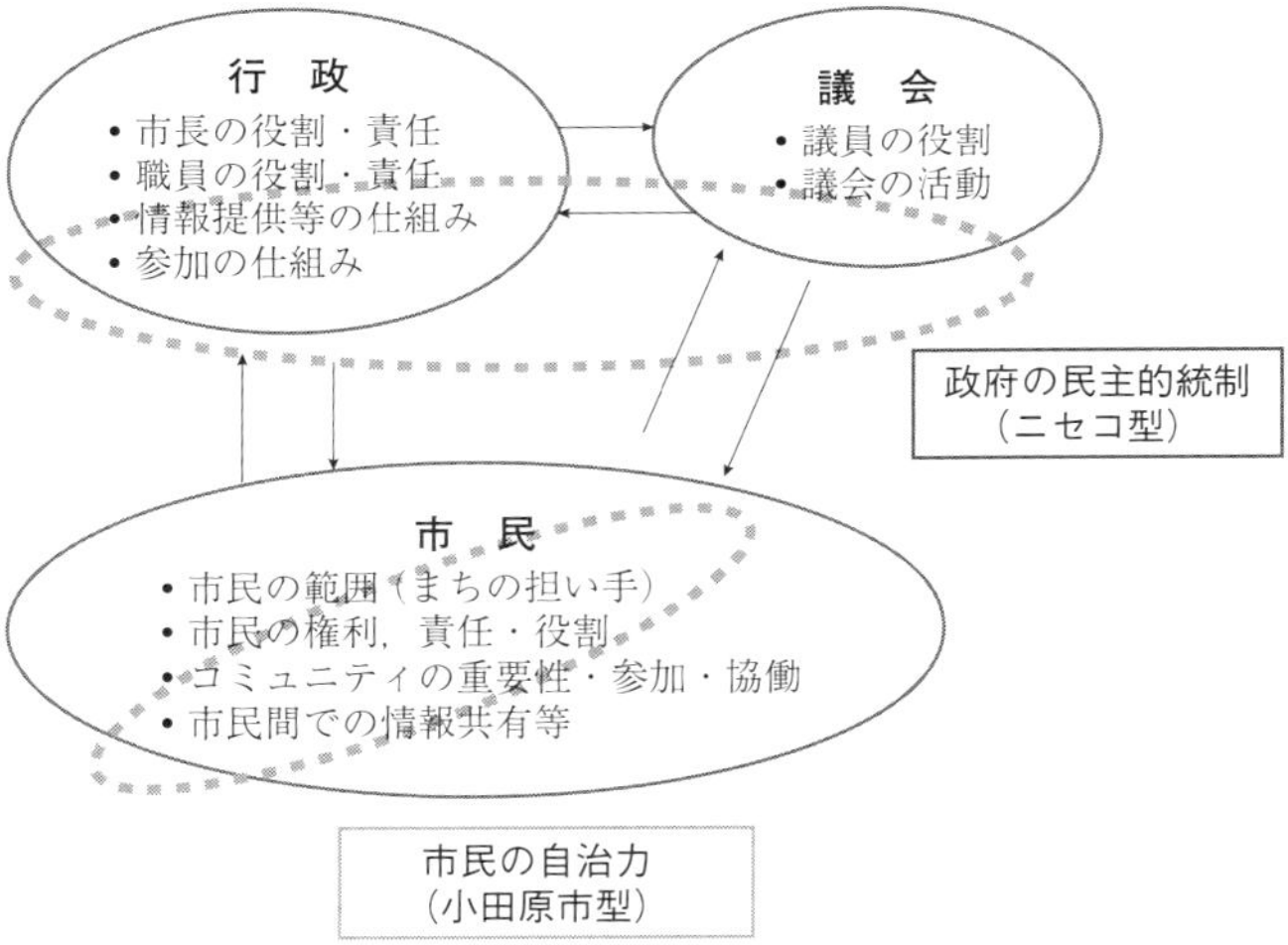

の認識の違いにある。役所や議会こそが自治の担い手であり、そのさらなる強化が自治を強めると考えれば、前者の条例になる。その点も忘れてはいけないが、それ以上に市民自身が自治の担い手として、その持てる力を存分に発揮することが必要であると考え、それには市民自身の自立性（自律性）や公共性を高めていくことが喫緊の課題があると考えると、後者の自治基本条例になっていく。

この点については、すでに見たように、人口減少、少子高齢化が急速に進み、まちを維持する税収が大幅に減少していくという現実が目の前に迫っているなかで、地方政府に対する民主的統制だけで、地方自治は到底、維持できないのは自明である。民主的統制を行う市民自身が、自ら自治の主体として、行動していくことが必要である。近年、とりわけ市民自身のまちへの関心が希薄化し、政府への依存が目立つようになっているなかで、民主主義の基本である自治の精神（自ら考え、議論し、妥協し、決定していくこと）そのものが問われている。

このように考えると、自治基本条例は、自治体政府の専横から市民を守るために、行政や議会をコントロールするだけでは足りず、市民の自立性（自律性）、公共性を高め、まちを元気にする励まし型の自治基本条例であるべきだろう。

●まちを元気にするツール

市民は主権者であり、権力の専横をチェックすることが自治であるという考え方は、現実には、「市民は主権者である。だから、役所は市民の言う通りにしろ」という要求型市民を生み、「役所に任せておけばいい、役所が何とかしてくれる」というお任せ民主主義を生んでいる。実際には、この一方向の関係がさらに転じて、「行政が雇い主であるはずの市民を統治する」という逆転関係になってしまっている。

自治基本条例の選択は、今までのように「行政にお任せのまち」をつくるのか、「みんなで元気で頑張るまち」をつくるのかの選択である。

今こそ、自治を再構築するときである。その方向性は役所をチェックするだけではなく、市民も公共の担い手であることをきちんと位置づけ、公共の担い手である市民が存分に力を発揮する社会をつくることである。これは税金による公共サービスの提供だけでなく、市民の経験や知恵・知識、行動力によっても公共サービスを担っていくということであるが、この両輪を回しながら、自治（まち）をつくっていくのが励まし型の自治基本条例である。

自治基本条例とは、私たちが忘れかけてしまった市民の自治力を再度、鍛え、強めるきっかけとなるもので、自治の文化を創る条例である。自治力は、市民一人ひとりが他者を大切にし、自分が暮らすまちを大事にするという、民主主義の基本からやっていかないと、鍛えられ、強いものにはなっていかない。ずいぶんと時間もかかるし、地道な努力も必要となるが、おそらく、これしか私たちのまちが生き残っていく方法はないだろう。

●励ます自治基本条例の内容

この立場からは、自治基本条例で書くべきことは、自治（まちづくり）の基本理念や基本原則（どんなまちにするか）、自治（まちづくり）の主体として市民の役割（権利や責務）、役所や議会が自治（まち）のために存分に力を発揮できる規定、市民や地域コミュニティ、ＮＰＯが自治（まち）のために、元気で存分に力を発揮できる規定である。

励ます自治基本条例では、市民、行政、議会の三者が、それぞれ力を出していくことや協力していくという仕組みが自治基本条例の骨組みになってくる（何度も述べているように、ここに市民とは住民のほか、自治会や町内会、市民活動団体、企業、学校、その他の団体も市民も含まれる）。自治の関係者間で、対立型、要求型にならず、その持てる力を存分に発揮し、そこから新たなエネルギーが生まれてくるように制度設計・運営していくことである。

①　市民が、自立（自律）し、他の市民や行政等との協力、連帯しながら、公共的なことにかかわっていく仕組みをつくり、運営していくのが基本である。市民協働では、行政は黒子という意見もあるが、こうした舞台装置づくりを行う重要な責任者である。

②　行政が、その持てる能力・資源を市民の幸せ実現のために発揮できるように、既存の仕事を見直し、少しずつ変革していくことである。また、行政の変革が市民に見えると、市民自身の自立（自律）、連帯にも弾みがつく。

③　議会・議員は、市民にその役割、重要性を再確認してもらえるように、新たな努力が必要である。議会・議員を監査役になぞらえることがあるが、二元代表制の元では、それは一面である。今日において重要なのは、市民が抱える問題に対処して対案を提案し、市民が本来持つ活力を引き出す役割である。それには、市民との対話が欠かせない。

●励ます自治基本条例のつくり方

励まし型の自治基本条例では、自治体職員が他都市の例を参考にパッチワーク的につくってはいけない。行政、議員、市民の一人ひとりが、自分たちの抱えている問題や自治の未来を考えながら、当事者となって考え、一緒になってつくっていくことが大事である。それゆえ、自治基本条例づくりでは、条文をつくるのが重要ではなく、自治の文化をつくるという思いが大事である。自治基本条例をつくりながら、またつくった後も、自治のために関係者一人ひとりが存分に力を出せるようにつくっていくことが大事である。

4　励ます地方自治の主体とその実践

(1)励ます市民・励まされる市民――依存・監視から自立・協働へ

●住民と市民――福知山線の脱線事故から

住民は、市町村の区域内に住所を有する者をいう（第一〇条①）。自然人のほか法人も住民であり、国籍、年齢、行為能力の有無は一切問われない。むろん外国人も地方自治法の住民である。

住民は、自治体の役務（公の施設の利用や各種公共サービス）を等しく受ける権利を有し、その負担を分任する義務を負う（第一〇条②）。負担には、税のほか自治体が住民に課するすべての負担が含まれる。なお、日本国民たる住民については、参政権（第一一条）や参政権の一種として条例制定改廃、議会解散等を直接請求することができる（第一二条、第一三条）。

これに対して、市民は、法律上の概念ではない。その使われ方は多義的で、一般には期待を込めて、自由と責任を果たす合理的人間という意味で使われている。ちなみに総務省の法令データ提供システムで検索すると、全法律・政令・規則のうちで「市民」という言葉が出てくる法令は五三件しかなく、しかも大半は市民農園、市民生活といった熟語としての用語法である。他方、住民は法律用語で八九六件の法令がある（二〇一五年五月一六日検索）。

自治基本条例や市民参加条例では、市民の概念が使われているが、これは地方自治法の住民よりも広い概念である。住所は持っていないが、その自治体で活動している人も含む意味である。では、なぜ住民では足りず、あえて市民という概念をつくるのか。それは、今日では、住民だけでは、自治ができないからである。たとえば、大阪市のように、従業地・通学地として、他自治体からの流入人口が多い都市は、そこに住んでいる住民だけでは、まちの安全も維持できないからである。

二〇〇五年四月二五日にＪＲ西日本福知山線の脱線事故があった。乗客と運転士合わせて一〇七人が死亡した大事故である。列車が脱線したとき、真っ先に助けに入ったのは、近くの工場で働く人たちである。その多くは住民ではなく、尼崎市に働きに来ている市民である。

このように多くの町では、市民の協力なくしては、まちを維持することができなくなっている（交通網等の発達で、それだけ広域化しているということである）。ましてや、人口減少が進み、定住人口はますます減少するなか、住所はないけれども、そのまちのため活動する市民を取り込み、まちのために、大いに頑張ってもらうようにするのが自治経営である。市民をうまく取り込んだ自治体が、活気を維持していくことになるだろう。

また、こうした市民以外の、そのまちに滞在していないけれども、そのまちが気になる、好きだという人（交流市民）も重要である。寄付条例は、こうした交流市民が参加する仕組みである。

●自治を励ます市民——相模原市南区から

すでに見たように、地方自治法で住民が主語の条文は、六条しかなく、しかも、その大半が政府を監視する規定である。法律が想定しているのは、監視する市民である。

しかし、これは地域における現実の市民の姿と大きく乖離している。全国で学校帰りの子どもが、事件に巻き込まれるという事件が頻発したが、事件以降、地域では黙々と子どものための見回り活動を行っている市民が数多くいる。福祉や環境、まちづくりなどで、地域のために活動している市民も多い。地方自治法では、直接請求し、監査を求める住民のみが規定されているが、地域でまちのために活動している市民がいてこそ地方自治が成り立っていることを忘れてはならない。まさに自治を励ます市民であるが、こういう市民が、きちんと評価され、尊敬される社会こそが好ましい社会である。

ここでは、市民が自治を励ましている例として、相模原市南区区民会議の取り組みを紹介しよう。

まず区民会議であるが、政令指定都市の行政区には、区民の代表者を集めた区民による会議が置かれる場合がある。神奈川県内では、横浜市、川崎市、相模原市の三政令指定都市とも区民会議がある。

区民会議の位置づけは、自治体ごとにさまざまで、区民会議を行政の下部組織的に位置づける自治体から、区民による自治的な会議に純化して行政と切り離す自治体まで幅がある。この点、相模原市南区の区民会議は、市民と行政の間を架橋する協働組織であり、行政の後押しをする役割を果たしている。

それは相模原市という自治体の性格が影響している。相模原市は、二〇一〇年に政令指定都市になったばかりという点もあって、慎重な自治経営をしている自治体である。政令指定都市になって日が浅いことから、まずは安全運転でというのは理解できるところであるが、場合によっては、守りの自治経営になってしまう。そんな相模原市を市民の立場から応援し励ますことが、区民会議の役割だからである。

相模原市南区区民会議が取り組んだものの一つが、無作為抽出型市民参加方式の導入である。地域活動に多くの市民に参加してもらいたいが、メンバーが固定化し、新しい市民がなかなか参加しない。それを乗り越える試みが、この無作為抽出型市民参加である。

住民票で住民を無作為抽出し、手紙を出して参加を呼びかける方式で、参加の勧誘を無作為で行うという新しい参加の仕組みがあるが、相模原市南区で、この方式を導入するのは簡単ではなかった。もともと税金で動く自治体という組織は、新しいことにはなかなか踏み切れない。相模原市南区の行政担当者が、無作為抽出型市民参加の実施を関係部局に働きかけたが、あちこちで抵抗を受け、なかなか理解されなかった。結局、決め手になったのは、「区民の意見」である。市民の発案・要望という後押しが、この新しい市民参加方式を相模原市で実施するきっかけになった。

●自治を励ます自治会・町内会――大牟田市から

地方自治法では、自治会・町内会は地縁による団体に位置づけられ、法人格を取得し、不動産等の権利を登記できると規定されている（第二六〇条の二）。つまり、地方自治法上では、町内会館等を持ちたい自治会・町内会は法人格を取れるという内容にとどまっている。

しかし、実際の自治会・町内会は、地域を基盤に組織されるという性質から、行政と同じような機能を果たしている。地域の課題に対処する問題対処機能、地域の環境や施設を維持・管理する機能、そして親睦機能である。また市民ニーズの間近にいるという立ち位置から、地域ニーズを先取りする政策提案機能も持っている。

ここでは、他都市の一〇年先を行くと言われるほど高齢化が進んでいる大牟田市を例に、地域組織が主体的に取り組み、自治を励ましている事例を紹介しよう。

かつて大牟田市は炭鉱の町として栄えたが、炭鉱の閉山や基幹産業の衰退等により人口流出が進み、高齢化が進んだ。大牟田市の高齢化率は三二・九％（二〇一四年一〇月一日現在）で、全国（二五・六％）や福岡県（二四・一％）と比較しても高い数値となっている（ともに二〇一四年四月一日現在の数値）。特に、二〇〇四年度以降、後期高齢者（七五歳以上）の数が前期高齢者（六五歳～七四歳）を上回るようになり、全国と比較しても後期高齢者の割合が高くなっている。言わば全国の動向を先取りした「先進自治体」である。

大牟田市の「はやめ南人情ネットワーク」は、町内公民館や子ども会、ＰＴＡ、老人会などの既存の地域組織、病院やタクシー会社、郵便局、介護サービス事業者などが集まり、地域や人のネットワークを基盤に、地域の情報収集、世話焼き運動、コミュニティの場づくり等を通して、高齢者の見守り、世代間交流、認知症の人やその家族を地域で支えるための活動などを行っている地域組織である。

とりわけ認知症高齢者とその家族を支え、見守る活動は、その実践的取り組みが高く評価されている（二〇一四年には第四回地域再生大賞を受賞した）。

認知症高齢者については、厚生労働省は、二〇一二年時点で全国で四六二万人、二〇二五年にはには七〇〇万人を超えると推計しており、これは高齢者全体の約五分の一にもなる。

はやめ南人情ネットワークでは、いち早くこの問題に取り組み、認知症に対する地域の理解を進め、徘徊高齢者を隣近所や地域ぐるみで見守り、保護していくことで、認知症になっても安心して暮らせるまちづくりを進めてきた。この地区からスタートした認知症徘徊模擬訓練は、市内全校区へ、そして全国へと取り組みが広がっている。

これは一例であるが、全国には、こうした地道な取り組みがたくさん行われている。こうした地域の取り組みを励まし、後押しすることが、自治を活発化させ、豊かな社会を実現する着実な方法の一つである。

●自治を励ますNPO

NPOとは、Non-Profit Organization の略語で、直訳すると非営利組織を意味する。最近では認知度も上がり、特定非営利活動促進法（NPO法）に基づき、法人格を取得したNPOは約五万団体にもなっている（二〇一四年度末）。

NPOの意義は、行政とは行動原理が違う点にある。行政は、市民の税金で動く組織なので、その行動原理は、公平・公正である。つまり、行政は市民の合意がないと動けないという限界を持っている。これが行政の意義・強みでもあるが、行政が動ける領域内にだけにとどまっていると、新しい市民ニーズには対応できず、自治が縮小再生産するばかりである。

これに対して、自己資金や寄付で動くNPOは、自己たちが大事だと思ったことを基本に行動する。それゆえ行政の領域外で、さまざまな活動を行うことができる。NPOの活動のうち、公共性が熟成していくと、行政が取り組むべき政策課題に昇華されていくが、こうした「公共性の揺籠」とでも言うべき活動がふんだんにあることが、豊かな社会をつくる源泉になる。

一九九〇年代のはじめ、私が横浜市役所にいたころ、DV（ドメスティック・バイオレンス）をテーマにしているNPOが相談に来たことがあった。彼女たちの活動を行政が支援してくれないかという話である。しかし、私は、アドバイスや情報提供はできるが、資金援助や場所の提供などの支援はできないと言って、帰ってもらった。たしかにＤＶ防止は課題かもしれないが、当時は、いまだに「家庭内のこと」で、公共的なことには熟成していないと考えたからである。

分かりましたと言って帰っていった彼女たちは、自分たちだけで活動を始めた。その活動の輪が広がり、あちこちの団体がＤＶを防止する活動を始めるようになった。そして、二〇〇〇年を過ぎたころには、ＤＶが社会全体の問題として認知されるようになった。これが公共性の熟成である。そして、今日では、ＤＶの防止は行政の領域内での活動になり、行政とＮＰＯとの協働事業などが行われている。

●自治を励ます企業――阪神・淡路大震災から

社会的存在である企業は、単に経済的利益の追求のみでは持続しない。ＣＳＲ（社会的責任）への取り組みが企業価値を高め、社会から信頼を得るために欠かせないことを多くの企業が自覚するようになってきた。

阪神・淡路大震災では、政府の動きの鈍さに比べて、市民や企業の動きの素早さや多彩さが目立った。今あらためて、地震直後の報道を読み直してみると、地震被害の広がりに呼応して、市民、企業による救援・復旧活動の広がりを確認できる。

地震発生後、電力、ガス、建設などの会社では直ちに、専門家や応援作業員を送り込み、点検・応急対策に当たっている。多くの企業が、億あるいは千万単位の義援金を直ちに送ることを決めた。水や食料、嗜好品、医薬品などのさまざまな救援物資を各企業が救援ルートを工夫しながら送っている。特に、この地震で特徴的なのは、企業内のボランティアの動きである。被害の大きさが明らかになるにつれて、企業内で自然発生的にボランティアの動きが生まれ、それに対して企業は、業務出張やボランティア休暇制度で支援を行った。

それに比べて行政の動きはいかにも遅い。しかし、それは行政が怠慢だったからというわけではない。

言うまでもなく、行政の行動原理は公平性である。そのためサービス提供の水準は、標準的になりやすく、そのときどきのニーズに応じたきめ細かなサービスは苦手である。また、行政の行動には、社会的な合意が必要になる。そのため、コンセンサスづくりに時間がかかり、行動も後手にまわってしまう。

そして、何よりも、行政の行動には経済的なインセンティブが働かない。企業ならば、企業イメージを考え、当面あるいは将来の利益を考えて迅速に動く。建設会社をはじめ多くの企業が、種々の動機を持ちながら、神戸に駆けつけている。

以上のように、阪神・淡路大震災では、市民や企業もまちづくりの一員であることが、あらためて明らかになったが、この企業の存在（パワー）を励まし、後押しすることで、自治を活発化させ、豊かな社会をつくることができる。

●自治を励ますよそ者・若者――焼津市から

地域活性化の決め手は、「よそ者、若者、バカ者」が、まちづくりに参加することであると言われている。

たとえば、地域に若者が大勢いれば賑やかで、それだけで周囲の人たちも活気づく。若者らしい発想に出会うと、例年通りの仕事をしてきた大人が、これまでの活動を省みる機会となって、既存の活動に新風を吹き込むこともできる。

バカ者とは、馬鹿と思えるくらい一生懸命に活動する人という意味である。あきらめずに目標に向かってしゃにむに行動していく人が地域を活性化する。

よそ者は、地域の人たちが当たり前と思っていることや気がつかない価値を新しい視点で気がつかせてくれる人である。土地とのしがらみがない分、自由な発想や行動が可能となる。

若者やよそ者が、一緒になってまちをつくっていく試みの一つが、焼津市の魚河岸シャツである。

焼津市の魚河岸シャツは、手ぬぐいを仕立ててシャツにした焼津の地元ファッションである。

魚河岸シャツファッションショー　若者たちは従来のシャツに色をつけ，デザインを変える。

もとが手ぬぐいなので、すぐに乾くし、夏の暑い時期でも快適に過ごすことができることから、当初は漁業関係者だけが作業着として着ていたが、最近になって、若者が注目し、従来の枠を超えた新しい魚河岸シャツがデザインされるようになった。その結果、街着としても普通に着られるようになった。

魚河岸シャツは、焼津のアイデンティティの一つであるが、このシャツを全国区にして、焼津のまちづくりをサポートしようという取り組みが、若者やよそ者によって行われている。相模原市にある相模女子大学も、これに協力して、魚河岸シャツをアピールするために、焼津市のお祭りでは、魚河岸シャツのファッションショーに参加する。学生たちが地域の人に混じってファッションモデルに挑戦する。

これは魚河岸シャツという地域資源を通して、地域の歴史や文化を共有し、同時にこの魚河岸シャツで地域の産業振興しようというものである。魚河岸シャツが、多くの人に認知されれば、これをデザインする人が生まれ、これをつくる工房ができ、販売店ができ、働く人が増えることになるからである。

よそ者、若者を巻き込み、励ますことで、自治を活発化させ、豊かな社会をつくることができる。

(2) 励ます行政・励まされる行政――給付型から支援・協働型へ

●行政の立ち位置の変化――市民の活動を支え、応援する

地方分権以前は、国と地方の関係について、垂直的行政統制モデルがよく当てはまった。政策を発議・決定するのは中央官庁で、地方は、これを忠実に実行するだけであると考えられていた。中央官庁の決定は、都道府県の関係部局を通じて縦割りで市町村単位まで下りてくる。それを支えたのが機関委任事務、補助金等の財政措置、天下り人事である。実は、この上意下達は、行政だけにとどまらない。地域団体も市町村の各部局に系列化されて、中央官庁における決定が、最

終的には地域にまで下りていく関係になっている。この立場では、行政は権力的な存在といえ、その権力をコントロールする監視の地方自治が正当性を持っていた。

ところが、分権・協働時代にあっては、行政は立ち位置を大きく変えることになる。市民の活動を支援し、後押しすることに役割の比重が移ってくる。このように立ち位置を変えると、行政が行うべきことが数多くあることに気がつく。**表Ⅱ－1**は、主に総務部で行っている事業例であるが、同じテーマでも、観点を変えるだけで、行うべきことがずいぶんと違ってくる。

●励ます機関としての長──埼玉県戸田市から

長は、自治体を統括・代表する権限を持っている（第一四七条）。統括とは、自治体の事務全般に対して、長が総合的統一を確保する権限を有すること、代表とは、外部に対して行った行為が、その自治体の行為になることのほか、自治体の立場を表すという意味である。

長は、その団体の事務を管理・執行する（第一四八条）。法に定めるものは、議案提出、予算の調整・執行、地方税賦課徴収、過料、決算提出、会計事務の監督、財産の総括的な管理、公の施設の管理、証書・公文書の保管などであるが、これは例示で、長は包括的な執行権を持っている。そして、長は補助機関の職員を指揮監督する権限を通して、これらを実施する（第一五四条）。このように自治体の長は、重要な役割を担い、大きな権限を持っている。

表Ⅱ－1　励ます地方自治で行政の仕事も変わる

	監視の行政では	励ます行政では
個人情報保護	行政の悪用・濫用から個人を守る	市民や地域等が助け合うために個人情報を活用する
危機管理	行政が責任をもって災害から市民を守る	市民間での助け合い，相互支援による危機管理にも重点を置く
広　報	役所が広報媒体を使って，まちの魅力を市民等に知らせる	市民自身が，自らの広報媒体を使って，市民等に魅力を知らせる
人　事	法や上司の命令等の指示の通り動く職員を育てる	自ら考え，判断し，住民と協働できる職員を育てる
法　規	内閣法制局のやり方に準拠する	市民が見てもよく分かる法制執務を工夫する
施設管理	施設の適正な管理を優先する	設置目的にさかのぼって施設を運用する

分権・協働時代の長は、自治体の経営者としてのリーダーシップがますます期待される。

①　協働のマネジメント……行政や市民が、まちのためにパワーを出せるように制度や仕組みをつくるとともに、こうしたパワーを束ねて、大きなエネルギーとなるようにマネジメントする。

②　市民の自治力を育てる……自治が有効に機能するためには、市民自身が、共同体の課題に対し、自律的に関与し、公共的な態度で臨むことが前提になるが、争点を提起し、判断の素材を提

戸田市：「三つのコンセプト」～自治基本条例制定に向けて～
1．条文ではなく，「自治」をつくっていく。
（条例や協働は手段である）
2．身近な課題を解決するための仕組みを構築していく。
（目的は，解決困難な地域課題を解決していくことであるので，身近な課題から調査・検討することから進めていく）
3．制定作業を進めながら，協働の第一歩につなげていく。
（条例制定後に協働事業を検討するのではなく，制定作業プロセスの中で，小さくとも，協働の成果を上げていく）

示することで、市民自らが考え、決定ができるようにする。

③　職員力を引き出す……職員の思いに火をつけ、その潜在力を引き出して、目標に向かって、その力を存分に発揮する組織と職員をつくる。

こうしたパワーを掘り起こし、パワーをまちづくりのエネルギーに転換するのが長の役割である。こうしたエネルギーを束ねて、大きな力にしていくのがリーダーの仕事である。

それには、トップが、明瞭な理念を職員に示すことが必要である。

たとえば埼玉県戸田市では、自治基本条例づくりにあたって、心がける理念を市長が分かりやすく示している。自治基本条例のような軋轢の多い条例づくりでは、こうした方針が、職員を奮い立たせ、その力を存分に発揮する源泉になる。

●市民を励ます職員

行政職員は、地方自治法上では長の補助機関に位置づけられている。しかし、それは単に長の指示に従い、その手足となって動くという意味ではない。地方分権で、市民に顔を向け、市民と協働で知恵を絞り、政策を立案・実施していく行政が求められている。その担い手である職員も、市民のニーズや地域の課題を発見し、課題の解決に向けた政策を企画・立案し、折衝・調整し、それを実行する能力が求められる。補助とは、政策能力を持ち、まちづくりの専門スタッフとして、首長を支えるという積極的意味を持っている。

特に自治体職員に求められているのは、資源・権限活用力と合意形成能力である。

自治体の持っている人的・物的資源は決して少なくはないが、その大半を定型的な市民サービスに使っているから、新たな政策づくりに使える人、もの、金には限りがある。また、権限の面でも、自治体の条例制定権は、法律の範囲内という厳しい制約があり、その効力の及ぶ範囲内という地域的制約もある。資源・権限活用力は、限られた資源・権限を十二分に引き出し、活用する能力である。

自治体が取り扱う政策領域が、規制・指導領域から誘導・支援領域に広がるに従って、合意形成能力が重要になる。多様な価値観、考え方を持つ市民と議論しながら、合意形成まで持って行くことは容易ではないが、自治体職員ならば全員が習得すべき能力である。それには知識、熱意のほか、分かりやすい資料をつくる能力、プレゼンテーション力等も重要になっている。

こうした能力育成のために、研修制度、政策研究システム、自己研鑽の機会の充実が必要である。あわせて、職員を適材適所に配置することも重要になっている。こうした職員を集め、育てることができるかどうかが、自治体の生き残りを左右することになるだろう。

●仕組みをつくり、励ます行動をする――横浜市G30の取り組みから

ここでは、行政が市民を励ますことで、政策目的を達成した例を紹介しよう。

横浜市では二〇〇三年に、二〇一〇年度におけるごみ排出量を二〇〇一年度に比べて三〇％削減するという「G30プラン」を策定した。そのための仕組みづくりと市民・事業者に対する啓発活動を徹底的に行い、二〇〇五年度には、ごみ量が二〇〇一年度比マイナス三三・九％と、目標年度を五年前倒しで達成することとなった。これにより横浜市は、二つの焼却工場を廃止するという画期的な成果を出すことができた。

成功のポイントは、**図Ⅱ-2**に示したように、ごみ減量の当事者である市民・事業者が、主体的に参加・協力できる仕組みをつくり、行政が市民・事業者に積極的に働きかけ、協働して、取

表Ⅱ－2　市民・事業者を後押しする行政――横浜市G30

	行　政	市　民	事業者
(1)市民・事業者が参加・協力できる仕組みづくり	＊家庭ごみの徹底的な分別とリサイクルの推進に向け，すべての市民が参加・協力できる仕組みをつくる ＊職員1人ひとりが市民・事業者に適切なアドバイスができる体制整備	＊行動のための地域的な組織(区G30推進本部，地域G30活動委員会）の設置 ＊分別収集品目の拡大(5分別7品目から10分別15品目)，資源集団回収の拡充 ＊資源回収ボックスの増設など資源物回収の受け皿整備	＊リサイクル可能な古紙や建設木くずの焼却工場での受入停止，工場での搬入物検査の強化 ＊業種に偏らない多様な事業者と協定の締結
(2) G30の普及啓発	＊「ヨコハマは G30」の標語を様々なイベントで掲示。市が発行するすべての広報印刷物への刷り込み。公用車に標語のステッカーを貼る。あらゆる機会を捉えてＰＲ ＊G30のロゴやマスコットの公募，G30テーマソングを製作・ＰＲ ＊イベントへの参加，商店街・スーパーマーケット等の事業者と連携したキャンペーン	＊自治会・町内会単位できめ細かな住民説明会の開催 ＊事務所・工場の職員による出前講座や市内全小学校を対象とした焼却工場見学の実施	＊各種業界の集まりに出向き事業者へ説明 ＊事業系ごみの基本的な分別方法のリーフレットを作成し，市内全事業所へ送付
(3)市民・事業者による G30行動と自主的な取り組み	＊市民・事業者による自主的・自発的なごみ減量・リサイクル活動を推進 ＊分別・リサイクルに徹底的に取り組んでいる事業所を分別優良事業所として認定する制度を創設	＊地域内で自主的にキャンペーンや啓発活動を実施するグループが発足 ＊マイバックの持参や余分な包装を断るなどの具体的なごみ減量行動	＊事業者の自主的な取り組み(レジ袋などの容器包装の削減，過剰な容器包装の使用抑制，店舗から発生するごみの減量等)

り組んだことによる。

●断固たる決意・逃げない姿勢

励ます自治の前提となるのは、相互の信頼である。信頼があってこそ、励ましは効果が発揮する。他方、信頼や連帯は、ともすると崩れそうになるので、守り、創造することが必要になる。そのための仕組みや仕掛けも必要になるが、同時に重要なのは自治の担い手たちの姿勢と行動である。

役所は公正で、不平等な取り扱いはしない、役所はルールに則って、きちんと市民を守ってくれるなどといった信頼が広く行き渡っていれば、市民は安心して活動できる。行政が逃げずに「一緒にやるぞ」という強い意向が伝わってくれれば、市民も元気を出して活動できる。役所側の断固たる決意、逃げない姿勢は、励ます地方自治の推進にはきわめて重要である。横浜市のG30の取り組みが成功したのは、行政の決意（逃げない姿勢）が市民に伝播したからである。

同時に、市民自身の姿勢と行動も重要である。単に要求や要望するだけでなく、一人ひとりが、自分の問題として考え、まちのために行動することで、行政側の信頼や市民間での連帯も生まれてくる。

(3) 励ます議会・励まされる議会――チェックから支援・協働型へ

●自治の共同経営者として

地方議会・議員には、執行部の監視機能と政策提案機能の二つの役割がある。これまで議会・議員を監査役になぞらえて、執行部に対する監視機能を強調することが多かった。たしかに地方自治法には、検査（第九八条①）や調査（第一〇〇条）など、執行機関（市長等）をチェックする機能も詳細に規定されている。

しかし、地方自治の二元代表制とは、ともに住民を代表している長と議員が、両者の緊張関係のなか、政策競争を行うシステムである。首長と議員・議会の間で、どちらの主張・行動が、より市民ニーズを体現しているかを争うことで、市民にとって、よりよい政策を実現しようとするものである。これは議会・議員を単なるチェック役とするのではなく、自治の共同経営者とする発想である。

地方自治法では、議会・議員は、条例の制定改廃、予算の制定、決算の認定、重要な契約の締結や財産の取得・処分等の議決権を有する（第九六条）。つまり、市政の重要事項は議会が決める。これは市政の経営者としての役割を体現する規定である。

地方自治を取り巻く状況が厳しさを増すなかで、議会・議員は自治の経営者であるという視点は、ますます重要性を増してくる。議会・議員をそのように位置づけると、議会・議員の果たすべき役割や行動が違ってくる。

●市民を励ます機関としての議会——市民に対する教育機能

「地方自治は民主主義の学校」（J・ブライス）と言われる。市民自身が、身近なまちの課題に対し、自律的に関与し、公共的な態度で臨むという実践を重ねることで、民主主義を自分たちのものとすることができるからである。たしかに防災、防犯、高齢者福祉といった課題ならば、誰でも意見を言うことができる。

この民主主義の学校において、議員の役割は重要である。議会は多数の議員で構成されており、多元的価値を体現している点が、執行機関にはない強みである。この強みを活かして特に期待されるのが、民主主義の学校である地方自治において市民が学ぶ機会をつくる役割である。議員が地域課題を踏まえて争点、対立軸を示すなかで、市民自身が、自ら考え、判断する機会をつくることである。「民意をつくり出す役割」であるが、それによって、民主主義の担い手である市民を鍛えることができる。

●行政が安心して前に出られる仕組みをつくる役割

今日の行政を覆っているのは、誤ったコンプライアンスである。法律や規則に書いてあること

図Ⅱ－４　議会基本条例を構成する主要項目

- **議会基本条例**
  - **総則的事項**
    - 前　文
    - 条例制定の目的
    - 定　義
    - 最高法規性
    - 見直し規定
  - **議会機能を強化する事項**
    - 議会の活動原則
    - 首長との関係
    - 決議すべき事項
    - 会　派
    - 委員会
    - 議会図書室
    - 議会事務局
    - 議会の広報活動
  - **議員能力を強化する事項**
    - 議会の活動原則
    - 自由討議
    - 政務調査費
    - 議員研修
    - 議員の倫理規定
  - **住民参加を強化する事項**
    - 住民参加・連携
  - **その他**
    - 議員定数
    - 議員報酬

だけをやる、あるいは、法律や規則に書いてある通りにやるというのがコンプライアンスであると誤解されている。本来、守るべきは、法令のほか組織倫理、社会規範なども含まれ、同時に市民の期待に応える（comply）ことがコンプライアンスの積極的な意味であることが忘れ去られている。行政の原理である説明責任が、「言い訳けができるかどうか」に転換してしまっているのである。

こうした風潮に合わせて、行政は、防衛ラインをぐっと下げて、安全なところで戦っている。防衛ラインの前には、広大な戦場が広がっていて、そこには惨劇も起こっているが、なかなか前に出られない。

それを乗り越えて職員に前に出ろというのは酷な話である。うまくいけばいいが、失敗すると途端に非難される。役所が守ってくれないなかで、職員個人の責任で行うというのは無理な話である。そこで取り組むべきは、行政が前に出ることができる仕組みである。その仕組みの一つが議会が制定する条例である。条例というのは、市民代表である議会・議員が議論し、決定したという正当性がある。こうした市民的バックボーンが、条例に強い正当性を与えることになる。ここをよりどころに、行政は前線に出ることができる。行政がその力を存分に発揮できるように仕掛けをつくるのが、自治の共同経営者である議会・議員の役割である。

●励ます仕組みとしての議会基本条例

議会改革の方法として、議員を疑い、監視するというやり方も、一つの改革方法ではあるが、しかし、これでは議員は、萎縮し、あるいは市民との迎合に走り、他方、市民は、自治の当事者から評論家になっていく。結局、自治や民主主義を脆弱なものにしてしまうだろう。

むしろ、地方議会・議員については、その力を存分に発揮できるように、議会・議員を励ます仕組みが必要である。その一つが、議会基本条例である。議会基本条例は、二〇〇六年に北海道栗山町が制定したのが最初であるが、その後、制定する議会は増え続け、二〇一五年九月一八日現在で七〇一議会が制定している(自治体議会改革フォーラム調べ)。今日では議会基本条例は、議会の標準装備になったと言えよう。その内容は、主には議会の機能を強化する事項と議員能力を強化する事項で構成されていて、これらは議会・議員を励ます規定と言えよう(図Ⅱ-4)。

議員と市民とのワークショップも、議会・議員を励ます試みの一つである。地方自治法にも、公聴会や調査・審査のための参考人の出頭など市民との接点はあるが、これらは議会が必要と考えたときに、市民に声をかける仕組みである。それに対して、議員と市民とのワークショップは、両者が水平・対等の関係で、フランクに議論する場をつくるものである。うまくいくのか心配する向きもあると思うが、運用方法をきちんと学んで行えば、必ずうまくいく。

●励ましたくなる議会へ

調査によると、議員の多くは、自分たちは市民に役立つ仕事をしていると考えている。他方、市民の多くは、議員の仕事振りについて不満を持っている。双方の思いに、大きなギャップがあるのである。

こうした乖離が生まれる理由として考えられるのは、第一に、実際に議員が市民の期待する仕事をしていない場合である。その対応は、市民の代表である議員が、市民の思いを代弁するような仕事をしていくことである。第二の理由は、議員としては、きちんと仕事をしているが、それが市民に伝わっていない場合である。この場合、議会・議員が市民に知らせる努力をしていく必要がある。励ましたくなる議会への転換は、この二点をめぐって行われるべきだろう。

励ましたくなる議会へ転換する試みの一つが、会派制の廃止である。

もともと会派制は、個々の議員が政策集団となることで、きちんとした政策提案できるようすることがねらいである。

しかし、地方自治の政策課題は、きわめて日常的なものであるため、会派ごとの違いはほとんど出てこない（防災、防犯などの例を考えるとよく分かる）。その結果、会派が、政策提案よりも各委員会委員の割り当てや代表質問の時間配分、議長選出の母体として使われるようになってしまった。

そこで、再度、原点に戻って、議員一人ひとりの力量を育てていく試みが会派制の廃止である。会派をやめて、常任委員会で議論し、委員同士で相互にアドバイスすることで、議員や議会全体の質問や提案の質を高めようというものである。

先行事例を見ると試行錯誤をしているようであるが、励ましたくなる議会の試みの一つとして評価してよいと思う。

(4) 励ます国・励まされる国——統制型から相互補完型へ

●中央集権型行政システムの意義——励ます国

これまで日本は、ずっと中央集権型行政システムで、国づくりを行ってきた。近年では、この上から指示・命令、統制するシステムに対する批判も強くなっているが、このシステムは、日本の近代化にとってきわめて有効な方法であったし、このシステムが、今日の豊かさを実現してきたという事実は無視すべきではない。

しかし、中央集権型行政システムも、一九九〇年代になってからは、内在する限界が露呈し始めるが、それでもこのシステムがもはや意味を失ったと見るのは間違いである。地方分権は、地方の自立性・自主性という光の面と同時に、強い地方はどこまでも強く、弱い地方はどこまでも弱くという影の面を持っているが（その結果、迷惑施設は、財政力の弱い地域に押しつけられことになる）、中央集権型行政システムに基づく財源再配分制度（地方交付税等）が、放置しておくとますます拍車がかかる東京一極集中や地域間格差を防いでいるという積極的意味も認める必要があるからである。中央集権型行政システムに対する評価は厳しいが、こうした国が地方を励ます役割（後見的機能）は、依然として重要であることをまずは確認しておこう。

●相互補完の重要性

その上で、国と地方は、対等な政府間関係として、適切な役割分担を前提に、相互協力や補完等を行うことで、行政目的の達成に努めていく必要がある。

この相互補完関係の法制度における到達点が、地方自治法第一条の二の規定である。市町村は、地域における行政を自主的かつ総合的に実施するのに対して、国は、国際社会における国家としての存立にかかわる事務（外交や防衛など）、全国的に統一して定めることが望ましい国民の諸活動（取引に関するルールなど）など、国でなければできない事務を担うこととされた。つまり、それぞれが得意分野で奮闘することで、全体として市民が幸せに暮らせる社会を創っていこうというものである。

相互補完・相互協力は、政策課題への対応でも有効である。自治体が直面する政策課題は、たとえば環境問題のように、経済優先といった社会経済システムそのものから派生する場合が多いが、これはあまりに相手方が大きすぎて、自治体単独の力だけでは、とても手に負えない。そこで、国との共同戦線を組むことで、国と地方が、それぞれの得意分野で、ときには協力・連携しあうなかで、課題解決に取り組んでいくべきである。

●地方創生のなかで

地方創生においては、国は地方への多様な支援と切れ目のない施策を展開していくとしている。

情報支援では、各地域が、産業・人口・社会インフラなどに関し必要なデータ分析を行って、各地域に即した地域課題を抽出し対処できるよう、国は地域経済分析システムを整備する。

人的支援では、小規模市町村に国家公務員等を首長の補佐役として派遣する制度（地方創生人材支援制度）、市町村等の要望に応じ、当該地域に愛着・関心を持つ、意欲ある府省庁の職員を相談窓口として選任する制度（地方創生コンシェルジュ制度）を定めている。

財政支援では、緊急的取組として、二〇一四年度補正予算には、まち・ひと・しごとの創生に向けた総合戦略の先行的実施予算が盛り込まれた。二〇一六年度は、地方版総合戦略に基づく事業・施策を自由に行うために、地方創生先行型の創設が予定されている。

税制・地方財政措置では、企業の地方拠点強化に関する取り組みを促進するための税制措置や地方創生の取り組みに要する経費について地方財政計画に計上し、地方交付税を含む地方の一般財源確保等、自治体の戦略策定に対する国の支援を明確にしている。

このように地域活性化に向けた国の後押しは本格的であるが、これが地方の内発力を呼び起こし、国と自治体が相互に助け合い、励まし合うことで、地方創生は弾みがついていくと思う。

Ⅲ　励ます地方自治の展開

1　励ます法務

⑴法務の転換

一般には、法の本質は、強要性であると理解されている。法は、国家の権威によって制定され、国家の権力によって強行されるゆえ、「単なる道徳律や宗教上の戒律とはちがって、法による規制の対象となる人に対しては、これに従って行動することを要求し、これに違反して行動することを国家の権力として許さないという性質、すなわち、「法的強要性」をもっていなければならない」（林修三『法制執務』学陽書房、七ページ）とされる。

たしかに、強要性は法の核心部分と言えるが、法が目指した目的を達成できるのであれば、それが国家の権威や権力によって強行されるものでなくても、法の存在がきっかけとなって、本人の意思に誘導的に働きかけ、結果として、法の目的を達成したとしても、それは法としての存在価値はあるだろう。

法務の意義をこのように広く考える実際上の理由は、近年、自治体に対する期待が高まっている反面、現実の自治体の力量（権限・資源など）は十分ではなく、期待と現実の間には大きなギャップがあるからである。そのギャップを埋めるものならば、どんな手法でも使っていくべきだからである。

⑵励ます政策形式としての条例

政策形式には、条例、規則、要綱、予算、計画などがあるが、このうち、最も有用性が高いのが条例である。

その理由は、条例は法規範であり、住民に対して強制力を持っていると考えるからではない。すでに見たように懲役、罰金という強制的手法は、高コスト、高リスクのため、実際は簡単には使えないからである（三五ページ以下）。

条例の優位性・有用性は、罰則等に代表される法的拘束力というよりも、正当性（納得性）という政治的・社会的な意義にある。

ではなぜ条例は納得性が高いのか。それは条例は、市民によって選ばれた首長が提案して、市民によって選ばれた議員・議会の賛成で制定されるからである。つまり、市民によって直接選挙された首長と議員がともに賛成したという二重の民主性が、他の規則や要綱等とは違う正当性(納得性)の根拠となっている。

また条例のつくられ方という点からも、条例は正当性(納得性)が高い。条例は、慎重につくられていくが、それは、条例は、議会の議論にさらされるからである。議会審査の場で矛盾を指摘され、実効面での不備が指摘されないように、さまざまな視点から何重もの詰めが行われていく。同時に条例は、市民に広く公開されてつくられていくが、多くの利害関係者の目にふれるということは、それだけ注意深くつくられ、また多面的なチェックが入るということでもある。

条例は、このようなつくられ方をする分、高い正当性(納得性)を持っている。それゆえ条例は、高い説得力を持ち、課題解決能力が高い。こうした条例の有用性を活用し、有効に利用する理論が政策法務論である。

(3)励ます法制執務――市民が当事者となる法務へ

自治体の条例制定の約七割は、新規条例の制定ではなく、条例の一部改正である。その改正方式であるが、約九割の自治体では溶け込み方式・改め文方式を採用している。これは内閣法制局のやり方で、一部改正の法令それ自体は独立した法令ではあるが、施行されると同時に一部改正法令の内容は、改正の対象となった法令の内容に溶け込むという方式である。その溶け込むために改正文を書く手法が改め文方式である。

改め文は、改正された箇所をピンポイントで押さえるやり方で、改正点が明確であるし、スペースも取らないという利点もある。反面、溶け込む改正条例案だけを見ても、全体像が分かりにくいという欠点がある。だから多くの自治体では新旧対照表をつくり、説明用のさまざまな資料をつくることになる。

しかし、自治体を取り巻く社会経済状況が厳しい今の時代、これまでのやり方を続けていてよいのかというのが私の問題意識である。市民の力を結集して、地域の課題に対応していくべきときに、市民には理解できないやり方を続けていてよいのかという疑問である。法制執務の分野でも、市民が当事者意識を持ち、「よしやるぞ」と思うように変えていかなければいけないだろう。その工夫の一つが、全国の約一割の自治体が採用する新旧対照表方式である。補助資料でつくられる新旧対照表そのものを条例にしてしまうものである。その完成度にはまだまだ物足りないものがあるが、大事なのは、市民を励ます仕組みと実践である。知恵を絞れば、さらに工夫はいくらでもできるだろう。

2　励ます財務

(1)財務の転換

これまで行政サービスは、行政が税金という形で資金を集め、それを予算に計上し、行政が計画して、公益のために執行していく方式で行われてきた。監視の財務は、そのプロセスをチェックし、コントロールするためのもので、地方自治法等では、予算、収入、支出、決算、財産等に関する詳細な規定を設けている。予算均衡、超過支出の禁止、予算の適正執行、流用の禁止等の諸規定であるが、こうした監視の財務は、結果として予算偏重、成果軽視の財務となりやすい。

励ます財務の観点からは、自治体財務は次のように変わっていく。

第一は、これまで行政サイドで考えてきた予算、収入、支出、決算、財産等に関する運用を需要サイド（市民の視点）で考え直していくものである。その具体化がＮＰＭ改革である。

第二は、行政が税金で執行する方式とは別のもう一つのルートを開発するものである。行政が税金で行政サービスを実現するというやり方は、公平で確実な方式であるが、価値が多様化した今日では、市民一人ひとりの思いとずれてしまう場合がある。そこで、もう一つのルートとして、市民がＮＰＯ等に寄付等を行い、ＮＰＯが寄付等で事業を展開し公益の実施を図るという方式などが模索されている。一％制度などがその例である（図Ⅲ－１）。

(2) ＮＰＭ改革――民の良さを導入する

ＮＰＭ（ニュー・パブリック・マネージメント、新公共経営）は、民間企業のマネジメント手法を公的部門に導入し、公的部門の効率化・活性化を図るという考え方である。

ＮＰＭという言葉は、二〇〇一年六月に小泉内閣が閣議決定した経済財政諮問会議答申「今後の経済財政運営及び経済社会の構造改革に関する基本方針」（いわゆる骨太の方針）に登場して注目されるようになった。そこでは、「国民は、納税者として公共サービスの費用を負担しており、公共サービスを提供する行政にとっていわば顧客である。国民は、納税の対価として最も価値のある公共サービスを受ける権利を有し、行政は顧客である国民の満足度の最大化を追求する必要がある。そのための新たな行政手法として、ニュー・パブリック・マネージメントが世界的な流れになっている」と書かれている。

ＮＰＭ改革の内容は、①市民志向（顧客志向）、②市場システムの活用、③ＰＤＣＡサイクルの

図Ⅲ－1　公益の実現――2つのルート

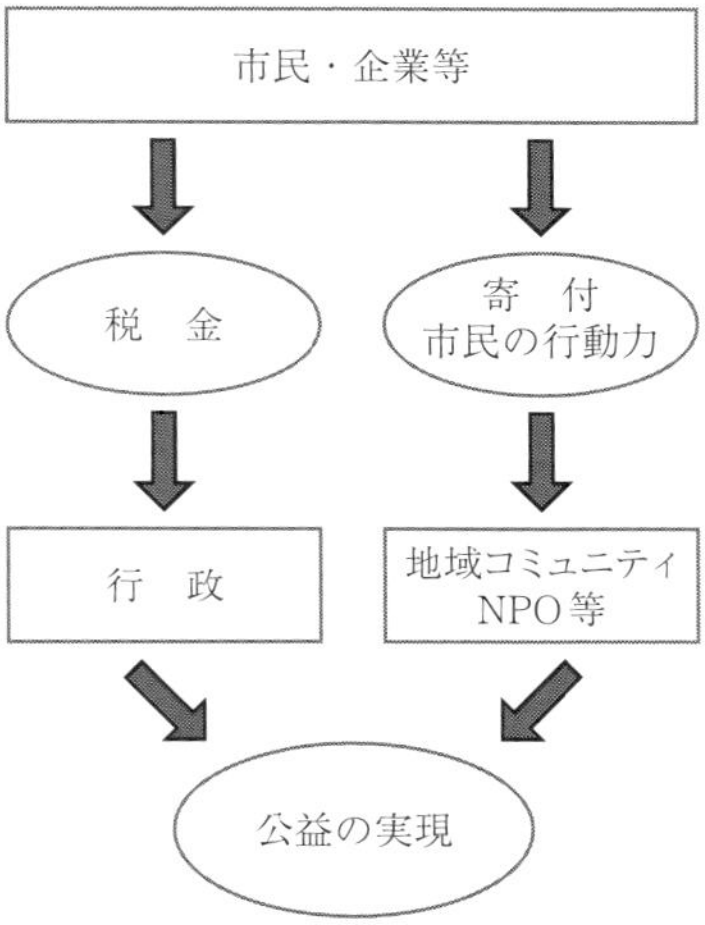

構築、④業績・成果主義の導入、⑤迅速な意思決定システムの構築、⑥起業家精神を持つ職員の育成等を内容とする。

顧客主義の重視は、公共サービスの顧客である市民の満足度を重視するという考え方である。単に接客マナーを改善するというものではなく、公共サービスの質的転換・改善を目指すものである。

その一つが、予算編成過程の市民参加である。予算編成は、内部管理的で技術的な要素が強いため、従来の監視の財務では、担当課や財政課の裁量・コントロールに委ねられてきた。他方、励ます財務では、予算編成過程を広く市民に公開し、そこに市民を参加させることで、市民の当事者性を意識した予算編成過程に変えていく。

たとえば千葉県我孫子市では、予算編成過程を予算要求段階から公開し、予算編成の進捗状況に応じて、新規事業項目ごとに、要求内容や評価が、どのように査定されたか（額、理由）が時系列で分かるようになっていて、それぞれの段階で、市民が意見を言う機会（パブリックコメント）が保障されている。

(3) 一パーセント制度の展開――市民が市民を応援する

一パーセント制度は、自分の市民税の一パーセントを自分が応援するNPO等に投票する制度である。ハンガリーが発祥の制度で、日本では二〇〇六年に千葉県市川市が最初に導入した。二〇一五年四月一日現在八市（奥州市、市川市、八千代市、生駒市、和泉市、佐賀市、大分市、一宮市）が導入している。

この制度は、当初は、市民が税の使い道を自分で選択できる制度としてスタートしたが、今日では、NPO等の支援を通して、市民が市民の活動を支え、新たな公共社会をつくるための制度としての役割が強くなってきた。

行政が、財政支援してNPO等の育成をすることも励ます財務の一形態であるが、行政が財政的な支援をすると、どうしても「交付する側と交付を受ける側との間に力関係のようなものが生じがち」で、支援を受ける市民活動は、行政の下請け、手足となってしまうことが懸念される。

それに対して、一パーセント制度は、市民による公共活動を市民全体で支えていこうという制度である。

一宮市の市民が選ぶ市民活動支援制度は、①NPOが実施する事業に対して支援金を交付するものである（補助率は三分の二）。②支援金額は、選択を行う年度の六月一日時点の個人市民税額の一%相当額を、同日現在の一八歳以上の市民数で割った一定額を一人当たりの支援額（二一四年度事業実施分五七一円）とし、それぞれの団体を選択した人数を乗じた額である。③支援金の交付を希望するNPOは、申請書を提出し、審査会を通過すると市民の選択の対象となる。④市民は選択の対象となった団体から支援した団体を三団体まで選んで投票し、その結果に応じて支援金が交付する。⑤投票できるのは一八歳以上の住民である。投票率は約一〇%である。

3　励ます人事

(1) 人事の転換

自治体職員のあるべき姿については、地方公務員法が服務の根本基準として、詳細に規定している。職務上の義務では、①法令に従う義務（第三二条）、②上司の命令に従う義務（第三二条）、③職務専念義務（第三五条）がある。また、身分上の義務としては、①信用失墜行為の禁止（第三三条）、②守秘義務（第三四条）、③政治的行為の制限（第三六条）、④争議行為等の禁止（第三八条）、⑤営利企業等の従事制限（第三九条）を定めている。いずれも自治体職員の行動を規律する内容で、監視の地方自治に基づく人事の諸規定である。

これら諸基準は、自治体職員にとって基本的な義務であることは間違いないが、結果的に、地域課題に適切に対応できない守りの地方自治に陥ってしまっている。

これに対して、励ます人事では、職員は、中長期的な視点とともに身近な住民の立場に立って、新たな課題に挑戦し、住民一人ひとりが、その持っている価値を存分に発揮できるように応援できる職員が求められる。住民のために知恵を出し、政策立案ができるプロ集団への転換でもある。

ただ、注意しなければいけないのは、地域ごとに目指すべきまちの姿は違っているので、あるべき職員像も違ってくるということである。人材育成計画の立案にあたっては、「我がまちのあるべき姿」をしっかり押さえた上で、求める職員像を明確にする必要がある。この理念のもとで職員を集め、育てることができるかどうかが、自治体の生き残りを左右することになる。

(2)新宣誓条例の制定――民とともに考え、行動する

励ます人事へ転換するためには、まず取り組むべきは、新宣誓条例の制定がある。

地方公務員法では、その第三一条には、「職員は、条例の定めるところにより、服務の宣誓をしなければならない」と定められている。この規定を受けて、全国の自治体で服務に関する条例(宣誓条例)が制定されて、宣誓書がつくられている。その文言は、全国一八〇〇自治体ともほぼ同一で、どの宣誓書にも、「私は、ここに、主権が国民に存することを認める日本国憲法を尊重し、且つ、擁護することを固く誓います。私は、地方自治の本旨を体するとともに公務を民主的且つ能率的に運営すべき責務を深く自覚し、全体の奉仕者として、誠実且つ公正に職務を執行することを固く誓います。」(東京都)と書かれている。

監視の地方自治に基づき、自治体職員を民主的にコントロールすることが主眼であれば、この

ような宣誓書で足りるが、分権・協働時代になり、地域住民とともに地域課題を考え、議論し、住民の知恵や知識を引き出し、住民ニーズにあった政策を企画・立案し、そして、ねばり強く実現できる職員が必要になると、宣誓書に記述される内容もそのようなものに変わってくるだろう。

また、宣誓が、単に首長に対して行うものではなく、市民に向かって自治体職員としての決意を表明するものに変わると、新宣誓条例のつくり方も変わってくる。これまでのように、行政内部だけでつくるのではなく、市民も参加し、市民と議論しながらつくることになるだろう。その策定過程で、市民は自治体職員の仕事を理解するとともに、職員も市民の思いを受け止めて、仕事に取り組む契機になるだろう。

4　励ます組織・執行体制

行政組織は、多様な住民利害を調整し、住民ニーズを政策というかたちに結実させるのが、その役割である。

行政以外の公共セクターが十分に育っていない時代では、政策に関する知識や情報を行政組織が独占してきたこともあって、行政組織が持つ専門性や正確性という機能が十分に発揮され、住民福祉の実現に行政組織が大きな役割を果たしてきた。それゆえ、この行政組織を市民が監視し、民主的に統制する監視の地方自治が有効だった。

しかし、住民ニーズが多様化、高度化するとともに、行政以外の民間セクターも力をつけてくると、行政組織の役割は相対的に小さくなり、専門性・正確性という行政組織の特徴が、逆に規則重視、形式主義、先例踏襲、セクショナリズムなどの難点となって現れるようになった。

行政組織の変革が急務となるが、行政組織に対する監視を強めるだけでは、ますます規則尊重（誤ったコンプライアンス）に逃げ込んでしまう。安全性重視で間違いは犯さないが、住民の福祉に寄与しない行政組織となってしまうおそれがある。

そこで、監視だけではなく、励ます地方自治の観点から、行政組織の再編が必要になるが、その過程で、行政組織の形態も変化を免れない。たとえば、これまでの重層的なピラミッド組織では、官僚的になり、規則重視、形式主義になってしまうことから、行政組織のフラット化が試行されることになる。また市民と身近なところで考え、決定していくためには、大幅な権限委譲と適材適所の人材登用が必要になっていく。

5　励ます政策

励ます地方自治の考え方に立つと、既存の政策も変容を迫られ、また、これまでとは違う新しい政策も生まれてくる。

(1) 監視する政策を是正する

●行き過ぎの是正

これまで地方自治では、行政をコントロールするための政策が、数多く開発、制度化されてきた。情報公開制度、個人情報保護制度などがその代表例である。監視の地方自治の観点からは、こうした政策が民主的統制という観点から果たして十分なのかをさらに検討していくことになる。

しかし、実際には、監視の視点からつくられる政策は、対象が役所自身ということもあって、ともするとその内容は厳しくなり、監視が過ぎて、結果的に市民の利益を害する場合もでてくる。

たとえば情報公開制度である。もともとは主権者による行政コントロールの制度であるから、請求には制約を設けず、手数料も無料のほうが好ましいとされてきた。ところが、それを濫用・

悪用するケースも発生し、弊害も目立ってきた。行政の活動を停滞させることが目的のような請求、特定の担当者を困らせるための請求、常軌を逸する超大量の請求などがあると報告されている。札幌市の教育委員会に対する大量請求では、文書保存箱に換算して約五〇〇箱、文書を積み上げたると約一五〇メートル、請求処理に必要な作業量は、延べ六〇〇人を超え、費用は諸経費を含めて総体で約一四五〇万円という事例も紹介されている。

納税者の立場から見れば、税金の無駄遣いのような情報公開請求は、容認できないことから、最近では権利の濫用になるような請求は、拒否できるという規定を置く自治体も増えてきた（富山市など）。

また個人情報保護条例では、個人情報の適正・安全な管理、第三者提供の禁止、本人からの開示等に応じるルールによって、市民のプライバシーを保護する制度であるが、ここでも過剰反応の問題が発生している。

個人情報を保護するがあまり、学校の緊急連絡網、災害時の要援護者リスト、自治会名簿を作れなくなり、緊急時の対応ができなかったという事例も報告されている。行政内部でも、福祉・防災の担当部局間での情報共有が進まないといった問題も発生している。これは、ともかく個人情報保護を徹底しておけば責任を問われることはないだろうという守りの姿勢が招いた過剰反応と言える。

個人情報保護制度は個人情報を有益に利用して、市民生活の充実を図るという側面も持っているが、こうした視点がなおざりにされているのである。こうしたことから、最近、個人情報保護に配慮し、安心して名簿を作成し利用できるような制度（箕面市ふれあい安心名簿条例）が制定されている。

●発想を変える――管理型業務の見直し

自治体の施設管理業務は、監視の観点で組み立てられている。たとえば地域活動の拠点施設である公民館等は、飲食禁止あるいは原則飲食禁止とされているところが多い。地方自治法や社会教育法などには、直接、飲食禁止の規定はないが、公民館で火を焚けば危険を伴うし、煮炊きをして匂いを出し、酒を飲んで大声等を出せば、他の利用者に迷惑をかけることになる。食べこぼしなどで公民館の設備を汚すことも考えられる。管理的立場に立てば、その「おそれ」に重点を置いて、飲食は原則禁止ということになる。

しかし、堅苦しい会議ではなく、お茶やお菓子を食べながらの会議のほうが、お互いの気持ちをリラックスさせ、それによって議論も活発化し、住民間の連携、協力を高めることもできる。このように市民の活動を後押しするという観点から公民館等の役割を考えれば、公民館等の管理方法も大きく変わってくる。飲食は、原則許容して、迷惑等を及ぼす具体的ケースのみ事前に禁止し、あとは事後的な措置で対応すればよいということになるだろう。

これは一例であるが、これまで漫然と監視の視点から行ってきた管理型業務を市民を励ますという観点から組み立て直すと、大きく変わる点がずいぶんとあると思う。

(2)既存政策の軸足を移す

●情報公開制度の展開——情報公開から情報提供・情報共有へ

情報公開制度には、大別して、狭義の情報公開と情報提供がある。

狭義の情報公開は、行政・議会が保有する文書を請求することができる制度で、市民からの公開請求を受け、行政処分として公開・非公開の決定を行う。非公開(部分公開)決定に対して、請求者は不服申立てができる。

これに対して、情報提供は、行政・議会が保有している情報を市民に積極的に提供していく仕組みである。情報公開との違いは、法的に義務づけられて情報を提出するものではなく、行政・議会側から任意に積極的に提供するという点である。

監視の地方自治では、狭義の情報公開が情報公開制度の基本となる。主権者である市民は、行政をコントロールするために、市政に関して知る権利を持っており、情報公開制度は、市民の情報公開請求権を基本に組み立てられる。それゆえ、情報は加工せず、ありのまま出すことが基本となる。情報の加工は、市民に疑義を抱かせることになるからである。

しかし、励ます地方自治の視点に立って、市民が存分に活動するために情報を使えるようにすると考えると、情報提供のほうがむしろ重要になる。市民が理解し、使いやすいように情報を加工することも必要になってくる。

また、情報公開（情報提供も含めて）は、行政から市民への一方向の情報提供にとどまるという限界を持っている。行政が独占的に情報を持っていた時代ならば、これでも十分であったが、今日のように、市民が保有する情報や知識が増え、市民がSNSなどの情報ツールを自由に使えるようになると、市民が保有する情報等のほうが、社会的にも有用な場合が多くなってきた。励ます地方自治では、市民同士が情報を共有し、市民が持っている情報を行政が使うといった双方向の情報共有の仕組みづくりも政策の射程に入ってくる。

●参加制度の展開――要求型の参加制度から当事者型の参加制度

市民参加は、市民の政府を担保するための基本制度であり、監視の地方自治の中心的な制度である。この立場から主権者として市民意思を表明できるさまざまな参加制度（住民投票など）が開発されてきた。

他方、励ます地方自治の観点からは、これまで地方自治にかかわりが乏しかった市民や主権者以外の市民の参加が政策の対象に入ってくる。

自治体の仕事は、住民票の発行や消防救急活動などの基礎的・共通的サービスと高齢者や生活保護等のように特定範囲の市民を対象とする個別的サービスに大別できるが、前者のサービスしか受けていない市民は、払っている税金の割に、行政から受けるサービスは少ないと感じ、それが地方自治に対する無関心やシラケを生み、ときには反発の原因となっている。

こうした市民をまちに引き戻す取り組みが試みられている。

① 市川市の一％制度は、自分の払っている市民税の一％相当額を自分が関心のあるＮＰＯの活動に投票（支援）できる制度である。支援額は、市民税額に比例するから、税金を多く払っている人ほど、投票（支援）できる額が大きいことになる。税金に見合うサービスを実感することで納税意欲を高めるとともに、投票をきっかけに、まちに関心を持つきっかけ（後押し）にしようという制度である。

② プラーヌンクスツェレ（無作為抽出型市民参加）は、住民票から無作為抽出で選ばれ市民が、政策課題について討議し解決策を提案する方式である。ドイツから始まった方式であるが、

日本でも三鷹市、相模原市などで応用され始めている。この方式で興味深いのは、参加という主体性と抽選という受動性をミックスした点であるが、抽選に当たるというのは、参加を逡巡していた市民を後押しする契機となる。

また、励ます地方自治の観点からは、多くの市民がまちづくりの当事者となって、まちのために知恵や経験を出すことができる新たな参加手法が生まれてくる。

① 市民ＰＩ（パブリック・インボルブメント Public Involvement）は、公募等で政策づくりに参加した市民が、ほかの市民のところに出かけていき、その意見を聞きながら政策をつくる方式である。公募等で参加した市民は、市民代表ではないという弱さを持っているが、市民とともに考えるなかで、市民の思いを代弁する案をつくっていくものである。自治基本条例では、大和市、流山市などで実施されている。

② ワークショップは、ビジョン（将来的なあるべき姿）や構想を策定する際に、参加者一人ひとりが、のびのびと思いを語りながら、議論を深めていく手法である。決定に至るまで、参加者全員で情報を共有しながら合意形成していくので、当事者意識や参加意識が生まれてくる。その結果、決定したことに愛着が生まれるとともに、なぜそうなったのか、意義や背景、限界をよく理解できるようになる。

これらは相互の考えや立場の違いを理解しつつ、市民一人ひとりが、自立や主体性を高めていくことを後押しする手法である。

●地域コミュニティ政策の展開――行政下請け型から地域主体型へ

自治会・町内会等の地域コミュニティと行政は、属地的な地域単位の組織という点で共通性があるが、それゆえ、自治会・町内会が果たしている問題対処機能、住民福祉機能、親睦機能などは行政と類似してくる。そこから、ときには自治会・町内会と行政との間のある種のもたれ合いの関係が生じてくる。その代表的な例は、行政から依頼された文書の配布やイベントへの動員などといった行政からの下請け仕事である。

ところが、今日では、もたれ合いに基づく活動だけを行っていても、自治会・町内会は存在意義を示せなくなった。自治会・町内会らしい活動を行わなければ、住民の自治会・町内会離れはますます加速していくことになる。励ます地方自治の観点から、自治会・町内会を支援し、その持てる力を最大限に発揮できる取り組みを行って行く必要がある。

そのためには、自治会・町内会を新しい公共の担い手として位置づけ、条例にきちん保障することが出発点である。条例で規定するのは、正当性の担保方法として最も適切だからである。その上で、自治会・町内会等の地域コミュニティが、地域課題の解決を図っていけるように、組織

（設立単位、組織のあり方）、活動（拠点を含む活動のあり方、組織間連携）、資源・財源（人材、財源、情報、コミュニティビジネス）等からの見直しが必要である。

その具体化の一つが、地域コミュニティ協議会の設置で、これは地域団体の縦割りを解消し、自治会・町内会、NPO・ボランティア、企業などの力を結集することで、「地域で解決できる問題は地域で解決する」ための仕組みである。

(3) 新たな政策の発見・展開

励ます地方自治の観点から考えると、新たな政策を発見・展開できる。

●私的領域における公共課題

監視の地方自治からは、私的領域については、行政は関与しないのが原則であるが、今日では、私的領域の問題であっても、公共性が高いものについて、積極的に関与していかないと住民の幸せな暮らしを実現できなくなってきた。たとえば空き家問題である。ここ数年で、空き家が急増し、政策課題として、急速にクローズアップされてきた。空き家の管理不全に伴って、防災、防犯、生活環境や景観の悪化などの社会的問題が生じてくるからである。

従来の監視の地方自治では、空き家問題は、所有権の問題であり、空き家に起因する紛争も、当事者間の私的自治に委ねて解決するのが基本となる。関与する場合も、その解決方法は、助言、指導、勧告、命令を行い、最終的には行政代執行によって問題解決を図るという行政法的手法による。

他方、励ます地方自治の立場では、その解決を当事者の私的自治に委ねるだけでなく、公共的課題として、行政だけでなく、自治会・町内会、NPO、事業者（郵便局・新聞販売店・牛乳配達業者、ガスや電気事業者）などの関係者が協力・連携して取り組むことになる。

自治会・町内会は、会費の徴収、回覧の縦覧、イベントや冠婚葬祭行事などで各戸とつながっているため、居住者不在情報を容易に知ることができる。自治会・町内会側にとっても、地域内で空き家問題が発生したときに、治安悪化や地価の下落などの影響を受けるので、情報提供活動にメリットがあり、協力を得られやすい。郵便局・新聞販売店・牛乳配達業者、ガスや電気事業者などの事業者は、配達時や検針の際に情報を把握することができる。こうした事業者と協定を結ぶことで、空き家情報を早期に把握することができる。行政の役割は、こうした活動が後押しして、関係者が連携・協力する仕組みを構築することである。

●これまでの自治体政策では欠落していた政策課題──若者政策

監視の地方自治では見えなかった課題が、励ます地方自治では、新たな政策課題になってくる。

その一つが若者政策である。

若者が大人になっていく過程には、①学生時代に社会生活、職業生活の基礎固めをし（自己形成）、②学校を卒業して仕事につき、親から独立した生活基盤を築き（経済的自立）、③社会のメンバーとして責任を果たし、社会に参画する（社会的自立）というプロセスがある。これを移行期と言うが、かつてはこの移行がスムーズに行われていたため、全体としては、いわゆる若者問題は起きてこなかった。

ところが、一九九〇年代以降になって、移行期間が長期化し、また移行パターンが個人化・多様化してきた。とりわけ経済環境の悪化は、大人への移行を困難にして、引きこもりやフリーター・ニートとなる若者も目立つようになった。その解決を若者個人の責任と対応に委ねるだけでは、解決ができないことから、若者問題を自治体の政策課題として取り上げる必要性が生まれてきた。

しかし、監視の地方自治によって、行政をチェックし、助言、指導、勧告、命令、行政代執行することでは、若者問題の解決はおぼつかない。励ます地方自治の観点に立って、行政、地域、若者などが連携・協力して、若者の自立を促す施策に取り組むべきである。

行政の役割は、若者政策の意義を総合計画等できちんと位置づけた上で、若者の自立（特に社会的自立）を促進するためのルールや仕組みづくりに取り組むことである。地域にとって若者の自立は、地域活性化の源になるし、若者にとっても地域が持つ揺籃機能は、若者の自立にとって有用である。地域と若者をつなぐ実践を地道に積み重ねていくべきだろう。

●従前の発想では対象外の政策課題——外国人のコミュニティ政策

外国人市民の増加、とりわけニューカマーが増加するなかで、地域においては、ゴミ出し、夜間の騒音などといったトラブルが目立つようになるとともに、外国人の集住化が進むなかで、外国人と地域コミュニティの関係が問われるようになった。

外国人政策には、外国人の政治参加（外国人の地方参政権）、行政参加（地方公務員の採用、昇進）、コミュニティ参加があるが、前二者に比較して、外国人のコミュニティ参加は、これまでほとんど議論されてこなかった。

政府を統制するという監視の地方自治からは、主権者でない外国人は、政策対象から除外される。また助言、指導、勧告、命令、行政代執行という手法では、外国人と地域コミュニティの問題を解決することはできない。

励ます地方自治の観点に立つと、外国人も住民であり（第一〇条）、外国人も地域の一員として、自分たちの地域は自分たちで守るのは当然のことで、その外国人の取り組みを行政、地域等が連携・協力しながら後押ししていくことになる。

監視の地方自治では、問題解決ができない例として、消防団のケースを見てみよう。

消防団は、消防署に協力して、火災や大規模災害発生時に自宅や職場から現場へ駆けつけ、その地域での経験を活かした消火活動・救助活動等を行う消防組織法に基づいた消防組織である。消防団は、地域住民により構成されているが、住民層のサラリーマン化、少子高齢化等によって、最近では消防団員の確保が困難になっている。全国に二三〇〇を越える消防団の団員数は、最盛期に半分以下の八八万人にまで減少している。

監視の地方自治からは、消防団員は、非常勤特別職の地方公務員に当たるので、外国人は消防団員になれないということになる。

しかし、火を消すという行為に日本人も外国人もなく、地域の住民から見れば、素早く火を消してくれる人が大事であって、国籍は関係ない。外国からの武力攻撃事態など緊急の場合は、外国人が消防団員では妥当ではないという意見もあるが、現実性が乏しい議論である上、仮にそうだとしても、その場合のみ出動できないという機能別消防団員と考えればよいだろう。

外国人消防団員を認めないということは、つまり、その地域を日本人が守るということになるが、外国人は何もせずに、ただ守られるだけというのは、都合がよすぎるだろう。第一、日本人の消防団が高齢化、少数化して、そこまでの余裕がなくなっている。

これも、住民相互の助け合いが基本である地方自治に、国の理論を当てはめるだけでは現実的妥当性が図れないという一つの例である。

(4) 多様な政策手法を縦横に使う

●政策手法の展開――規制・指導手法から誘導・支援手法に

行政を権力主体として位置づけ、行政活動の本質を権力的・一方的なもの（行政行為）と考える監視の地方自治では、その政策実現手法は、おのずと権力的・規制的なものが中心になる。

ところが、空き家問題等で分かるように、規制・指導手法の有効性はきわめて限定的で、地域の政策課題は、むしろ人が動く誘因に働きかけ、当事者の主体的・能動的行動を後押しする誘導・支援手法や普及・啓発手法のほうが有効な場合も多い。

誘導・支援手法は、融資や補助などといった経済的な誘因、顕彰・表彰などの社会的誘因に基づく手法などである。普及・啓発手法は、ポスター等のよるＰＲ、講演会やシンポジウムの開催、ＰＲ・啓発のための各種イベントなどの手法がこれに当たる。励ます地方自治からは、これら手法を重層的に組み合わせながら政策目的を実現していくことになる。

励ます政策手法として、今後、開発を進めるべきは、謝礼的金銭を介在した政策手法である。まちづくりへの参加が期待される団塊の世代に対する意識調査を見ると、ボランティアといえどもある程度の報酬を望んでいることが分かる（『多摩地域における新たな働く機会と場の創造に関する調査』二〇〇六年三月、㈶東京市町村自治調査会）。たしかに、ボランティア活動を継続するには、経済的負担を軽くすることは重要なことである。

この課題を乗り越える試みの一つが、謝礼的金銭を介在させる手法である。

愛知県東海市大池ぬくもりの会は、地域における手助けを一回二〇〇円でやるボランティア活動である。この会も最初は、無償で実施していたが、利用者が気を使ってお礼を用意することになってしまったという。たしかにボランティアをしたほうは特に見返りを期待しないが、やってもらった方は、申し訳ないと考えて、気やお金を使うことになってしまう。

そこで、気兼ねなくボランティアを利用できるように有償化したものである。一回二〇〇円ならば、気楽に頼めるし、割り切りもしやすいからである。その際、当人同士で二〇〇円をやり取りすると、また余計な気を使うことになるので、会でプールして五〇〇〇円になったら商品券で渡すという方式を採用している。

地域における助け合いを推進していく方法として、謝礼的金銭を介在した政策手法は、まだまだ新たな開発可能性のある政策手法と言えよう。

おわりに――励ます地方自治に向けて

励ます地方自治に対して、やはり自治体政府は権力主体であり、市民の権利が侵害される懸念を第一義に考えるべきだという批判があるだろう。

しかし、自治の政策現場で近年、特に目につくのは、誤ったコンプライアンスに縛られ、あるいは過剰とも言える市民からのクレームをおそれるあまり、新たな自治の課題に挑戦しない自治体政府（職員）の姿である。ここでは、「自治体政府のやりすぎ」によって市民の権利が侵害されるリスクよりも、自治体政府が、市民からのクレームや訴訟をおそれて臆病になり、「自治体政府のやらなさすぎ」によって、市民の権利を守ることができないリスクのほうが大きいというのが私の率直な印象である。

かような現状を前にして、その打開の道を自治体職員による個人の努力や奮闘に委ねるのはあまりに酷である。これを制度や仕組みとして整備して、自治体政府（職員）が前に出る条件をつくるのが、励ます地方自治である。主権論がつきまとう国とは違って、市民相互の助け合いが基本である地方自治では、国とは違う試みが十分可能だからである。励ます地方自治への転換には、多少の勇気と具体的な行動が必要になるが、今、その一歩を踏み出すときが来ているように思う。

二〇一六年一月

松下啓一

■著者略歴
松下啓一（まつした　けいいち）
相模女子大学教授（前大阪国際大学教授）。パートナーシップ市民フォーラムさがみはら顧問。専門は現代自治体論（まちづくり，NPO・協働論，政策法務）。中央大学法学部卒業。26年間の横浜市職員時代には，総務・環境・都市計画・経済・水道などの各部局で調査・企画を担当。ことに市民と協働で行ったリサイクル条例策定の経験が，公共主体としてのNPOへの関心につながる。
主要著作
『自治基本条例のつくり方』（ぎょうせい），『協働社会をつくる条例』（ぎょうせい），『新しい公共と自治体』（信山社），『市民活動のための自治体入門』（大阪ボランティア協会），『政策条例のつくりかた』（第一法規），『図解地方自治はやわかり』（学陽書房），『市民協働の考え方・つくり方』（萌書房），『つくろう議員提案の政策条例――自治の共同経営者を目指して――』（萌書房），『協働が変える役所の仕事・自治の未来――市民が存分に力を発揮する社会――』（萌書房）ほか

励ます地方自治　〈市民力ライブラリー〉
――依存・監視型の市民像を超えて――

2016年2月1日　初版第1刷発行

著　者　松下啓一
発行者　白石徳浩
発行所　有限会社　萌《きざす》書房
〒630-1242　奈良市大柳生町3619-1
TEL（0742）93-2234 / FAX 93-2235
［URL］http://www3.kcn.ne.jp/~kizasu-s
振替　00940-7-53629

印刷·製本　共同印刷工業・藤沢製本

ISBN978-4-86065-100-8